U0903791

◎浙江农林大学学术出版基金资助

历史的结构

章笑力 著

ZHEJIANG UNIVERSITY PRESS
浙江大学出版社

图书在版编目(CIP)数据

历史的结构／章笑力著．—杭州：浙江大学出版社，2012.3
ISBN 978-7-308-09642-3

Ⅰ．①历…　Ⅱ．①章…　Ⅲ．①史学—研究　Ⅳ．①K03

中国版本图书馆 CIP 数据核字（2012）第 022307 号

历史的结构

章笑力　著

责任编辑　王元新
封面设计　十木米
出版发行　浙江大学出版社
（杭州市天目山路 148 号　邮政编码 310007）
（网址：http://www.zjupress.com）
排　　版　杭州中大图文设计有限公司
印　　刷　浙江云广印业有限公司
开　　本　850mm×1168mm　1/32
印　　张　4.75
字　　数　105 千
版 印 次　2012 年 3 月第 1 版　2012 年 3 月第 1 次印刷
书　　号　ISBN 978-7-308-09642-3
定　　价　29.00 元

浙江大学出版社发行部邮购电话　（0571）88925591

目　录

第一章　导　言

面对人类过往一幕幕生动的图景，面对纷繁错杂的历史事件，面对一种统治方式和生产消费方式取代另一种统治方式和生产消费方式，作为一个历史研究者不禁要问，历史是怎么发展的，历史的发展是杂乱无章的吗？抑或有规律可循呢？如果有规律，那是怎么样一个规律呢？这个问题实际上是历史研究中一个重要而迷人的问题，也是研究者在坚持不懈努力加以探寻的问题。

对待历史的发展，历史上存在两种截然不同的态度和看法，也是先后相继的态度和看法。这两种态度和看法就是复古主义历史观和未来主义历史观，或者说是向前看的历史观和向后看的历史观，或者说是历史的退化论、循环论和历史的进化论、进步论。

复古主义历史观是最初的对历史发展的看法，盛行于科技和生产力不发达的文明初始阶段和成长阶段。因为，“在文明初启的时代，怀念和美化祖先，认定过去有过某种幸福状态，这是人类普遍存在的文化心态。人类社会从野蛮向文明发展中的剧烈震荡,往往使人们对现实充满疑虑,并由此发展为对未来的恐惧,感到前途叵测,不可捉摸。这必然使人们缅怀美好的往日,在对过去的低回怀想中寻求精神上的避难所。"①

复古主义历史观认为,今不如昔,古时的一切包括政治统治方式、生产消费方式都比今时好,应当回归到古时去,复辟一切古代的东西。也就是说,历史应向古代回归,历史是向着先前而去的。中国古代的老子就说:"小国寡民。使有什伯之器而不用;使民重死而不远徙。虽有舟舆,无所乘之;虽有甲兵,无所陈之。使人复结绳而用之。甘其食,美其服,安其居,乐其俗,邻国相望,鸡犬之音相闻,民之老死,不相往来。"(《老子》第八十章)这鲜明地表达了老子历史向后发展的思想。孔子也表达了这种思想。他说:"大道之行也,与三代之英,丘未之逮也,而有志焉。大道之行也,天下为公,选贤与能,讲信修睦。故人不独亲其亲,不独子其子,使老有所终,壮有所用,幼有所长,矜、寡、孤、独、废疾者皆有所养;男有分,女有归。货恶其弃于地也,不必藏于己。力恶其不出于身也,不必为己。是故谋闭而不兴,盗窃乱贼而不作。故外户而不闭,是谓大同。"(《礼记·礼运》)所谓大道之行指的是尧、舜时代,历史的发展就是要向尧、舜时代靠拢,即向后发展。在古希腊社会早期也有黄金时代的说法,即认为人类有着幸福的幼年,人类社会初期存在一种自然状态,历史的发展就是回归这种自然状态。总之,

---

① 张海燕. 柏拉图《理想国》与《礼记·礼运》的乌托邦思想比较研究. 河北学刊, 1994(5).

东西方社会早期都产生了鲜明的历史退化论的历史观。

不过，复古主义的历史观是一种谬误的历史观，失败的历史观。因为历史的车轮一旦起步，无论经历怎么样的曲折往复，无论怎么样的迟缓，它总是不可控制地向前驶去。即便它在某一时间段停滞，某一地点不发展，甚至是大倒退，那也是暂时的，也只是历史长河中一个小回流，历史终究还是会像小溪一样顽强地绕过阻碍它的巨石，向前流去，向着已知的和未知的目的地进发。而复古主义历史观蒙着眼睛，无视现实，注定是要被历史的车轮碾压成泥的。汤因比说："复古主义者由于其事业的性质，常常被斥责为企图调和过去和现在的关系，而这种主张中的不可调和的矛盾性正是复古主义作为一种生活方式的弱点，因而复古主义者便陷入了一种不论如何努力都不可能摆脱的两难境地。一方面，倘若他丝毫不顾现实，而试图复兴过去，一往无前的生命冲动就会把他的脆弱建筑打成碎片。另一方面，如果他听任复古的热情屈从于改造现实的任务，那么他的复古主义将被证明是一场骗局。"①事实上，复古主义的历史观何尝不是这样呢？在现实的逼迫下，它只有投降，或自杀，或死亡，别无他路可走。

随着科技和生产力的迅速发展，人类征服和改造自然的能力大大增强了，对社会的发展和进步充满了前所未有的信心，于是，到了近代以后，历史的退化论思想和循环论思想悄然退出了人们的视野，代之而起的是历史进化论的历史观，也即历史是向前发展，向着更高级的阶段发展，更先进的文明形态发

① (英)汤因比. 历史研究(上卷). 郭小凌等译. 上海：上海人民出版社，2010：505.

展，一体化程度更深的世界发展，人的自由度更高的社会发展。由于对历史发展看法的角度不同，历史进化论的历史观并不表现为单一的形式，而是有着各种的版本。下面就具体说下各种历史进化论的历史观。

维柯是近代最早的历史进化论主张者，他在《新科学》一书中开宗明义地指出，他研究的目的是为了探究“诸民族所经历的历史过程，沿着诸民族的全部变化多端、纷纭万象的习俗而显出经常的一致性前进。”[①]在维柯看来，由于政治法律关系或制度形式的变迁，历史从“神的时代”、“英雄时代”走向“人的时代”。他说：“根据埃及人所说的他们以前已经经历过的那三个时代，即神、英雄和人的先后衔接的三个时代。我们将看到诸民族都是按照这三个时代的划分向前发展，根据每个民族所特有的因与果之间经常的不间断的次第前进。……这是诸民族在他们生命过程中都遵守的。”[②]这里维柯说的“神的时代”是指“神谕或占卜的时代”，也即神的思想观念笼罩、支配一切的时代，大致就是原始阶段。“英雄时代”就是贵族专政时期。这些“英雄”是指贵族，他们“来源于神”，因其生性高贵而成为统治者，在政治经济上享有种种特权。在“人的时代”，不存在任何特权，在法律面前人人平等，且人民有权参加政府。总之，这就是维柯所说的历史发展的进程。

黑格尔也是一个历史进步论者，他认为世界历史和人的一生有童年、青年、壮年和老年一样，它也走过了四个时期，分别

---

① (意)维柯．新科学(下)．朱光潜译．合肥：安徽教育出版社，2006：179．

② 同上．

是“东方世界”、“希腊世界”、“罗马世界”和“日耳曼世界”。“东方世界”是人类的幼年期，也是历史的起点，包括中国、印度和波斯。东方世界是专制政体，其特点是只有“一个”是自由的，即君主一人是自由的，多数人是不自由的，一切都隶属于君主。“希腊世界”是人类的青年期，“罗马世界”是人类的壮年时代。这两个时期只有“一些”是自由的，即只有少数人是自由的，大多数人是不自由的，而且，这少数人的自由也很短暂。此即所谓的民主和贵族政体。“日耳曼世界”是历史的“老年时代”，也是历史的终点。历史的“老年时代”和自然界老年时代的衰弱不同，它“完全成熟并充满力量”。这一阶段“全体”都是自由的，即在日耳曼君主政体下，人人都是自由的。总之，在黑格尔看来，正如自然界的太阳东升西落一样，世界历史也由“东方”起步，渐次从希腊、罗马西移并终结于日耳曼世界。需要说明的是，黑格尔的世界历史实则是世界精神发展的历史，他依据世界精神在不同阶段的表现而把历史分为四个时期，也即历史发展的四个阶段，充满了思辨和唯心的色彩。而且，在黑格尔看来，“世界历史是自由意识的进展”，[①]自由意识的发展完结了，历史也就此终结。由此可见，黑格尔的世界历史是有限的、有着预定目的的发展进程。

汤因比也持有目的的历史进步论，他说：“人类历史的周期趋势类似于车轮的自然旋转，车轮周而复始的循环转动总是会发展成一种新的周期更长的运动。对比之下，我们可以看出这种新的运动乃是不断地朝着某个方向前进，车子最终抵达目的

① （德）黑格尔．历史哲学．张作成等编译．北京：北京出版社，2008：11.

地,车轮的连续循环运动也随之终止。”[①]所谓周期性的循环运动,是指文明的起源、成长、衰落和解体这样一个过程,历史就是通过这样一个循环过程向前发展的,而并不是做纯粹的重复运动。也即历史在曲折中发展,而不是循环或直线前进的。具体地说,历史的发展经历了这样几个阶段:原始社会、第一代文明、第二代文明、普世教会和第三代文明。这里的原始社会与较高级的文明社会的区别在于“模拟或模仿所采取的方向”,即原始社会模仿过去的东西,文明社会模仿具有创造力的人。而且,文明发展或者说历史进步的目的并不在于建立一个具有最好可能性的文明社会,而在于宗教的进步。所谓“第二代文明的诞生,并非是为实现自身的目的,也不是为了孕育第三代文明,而是为了给羽翼丰满的高级宗教的降生铺平道路”[②]。也即历史终结于宗教。

马克思也主张历史是向前发展的,不过,与黑格尔建立在世界精神基础上的历史进步论不同,马克思的历史进步论是建在唯物主义的基础之上的,我们称之为唯物史观的历史进步论。这种历史进步论认为,随着社会经济形态或者说经济关系的变迁、更替,整个社会不断向前发展。也就是说,生产力的发展不可避免地导致历史的发展或者说社会的发展。就此,马克思说:“我的观点是:社会经济形态的发展是一种自然历史过程。”[③]对这种自然历史进程,马克思进一步给出了具体的发展阶段,即“大体来说,亚细亚的、古代的、封建的和现代资产阶级

① (英)汤因比.历史研究(下卷).王皖强译.上海:上海人民出版社,2010:864.

② 同上,第672页.

③ 马克思恩格斯全集(第23卷).北京:人民出版社,1972:12.

的生产方式可以看作经济的社会形态演进的几个时代。资产阶级的生产关系是社会生产过程的最后一个对抗形式……因此,人类社会的史前时期就以这种社会形态而告终。”[①]随着对原始社会的深入研究,马克思和恩格斯用原始公社取代了作为过渡形态的“亚细亚生产方式”。同时,马克思还对下一阶段的发展作出了自己的判断,即未来是社会主义社会和共产主义社会。这样,社会发展的脉络和目标就更加清楚了。不仅如此,马克思还从另一个角度对这种自然历史的进程进行了阐释。他说:“人的依赖关系(起初完全是自然发生的),在这种形态下,人的生产能力只是在狭窄的范围内和孤立的地点上发展着。以物的依赖性为基础的人的独立性,是第二大社会形态,在这种形态下,才形成普遍的社会物质交换、全面的关系、多方的需求以及全面的能力体系。建立在个人全面发展和他们共同的社会生产能力成为他们的社会财富这一基础上的自由个性,是第三个阶段。第二个阶段为第三个阶段创造条件。”[②]总之,无论从哪个角度出发,马克思都以唯物的史观看待历史的发展,而且,还指出了比前人更为具体、也更为科学的历史发展进程。

历史进化论的历史观还不止这些。如沃尔夫认为历史从家族秩序的生产方式、纳贡(封建)的生产方式发展至资本主义生产方式;沃勒斯坦认为历史从微型体系、世界帝国发展至世界经济阶段;麦克尼尔认为历史从前文明、文明、相互联系的文

---

① 马克思恩格斯选集(第2卷).北京.人民出版社,1995:33.

② 马克思恩格斯全集(第46卷(上)).北京:人民出版社,1972:104.

明发展至全球文明;霍奇森认为历史从农业时代走向技术时代;布赞与利特尔认为历史从前国际体系、相互联系的国际体系发展至全球国际体系;等等。总之,由于对历史发展的观照点不同,从而形成了多样化的历史进化论的历史观。

这些历史进化论的历史观或多或少都在一定程度上涉及了历史的结构,而且,所谓的不同的历史进化论的历史观下的历史结构是不一致的。最典型的对历史结构的描述莫过于汤因比抛物线式的结构和马克思阶梯式的结构。

汤因比认为文明发展有其内在逻辑,或者说有其固有的结构。这个结构呈抛物线式,即文明从起源、生长走向衰落、解体。在汤因比看来,面对环境(包括地理环境和人文环境)的挑战,社会能够成功地应战挑战,文明就生长起来了,就能不断战胜接踵而至的挑战;而如果文明不能够应付挑战时,或者说应战失败时,那它就不可能继续生长了,也即文明无可避免地进入了衰落的轨道。需要说明的是,挑战的程度是有一个限度的,它存有一个挑战的"最适点"。当挑战处于"最适点"时,就能激发文明的应战反应,文明就能健康茁壮地成长,而不至于衰落、解体。因为,如果挑战的强度突破了这个"最适点",超过了应战者的承受力,那就意味着应战失败,文明走向解体;而挑战的力量没达到"最适点",或者说它太弱,则激不起应战的反应,文明就缺失了继续生长的动力。汤因比的抛物线式的历史结构在一定程度上揭示了文明发展的结构、历史前行的动力,具有一定的理论认识价值。

马克思站在唯物主义的立场上对历史的结构进行了描述,他认为历史的结构是阶梯式的。马克思说道:"社会的物质生产力发展到一定阶段,便同它们一直在其中运动的现存生产关系或财产关系(这只是生产关系的法律用语)发生矛盾。于是这些关系便由生产力的发展形势变成生产力的桎梏。那时社会革命的时代就到来了。随着经济基础的变更,全部庞大的上层建筑也或慢或快地发生变革。……无论哪一个社会形态,在它所能容纳的全部生产力发挥出来以前,是绝不会灭亡的;而新的更高的生产关系,在它的物质存在条件在旧社会的胎胞里成熟以前,是绝不会出现的。"[①]也就是说,社会由生产力和生产关系构成,生产力与生产关系的矛盾运动推动了历史向前发展。当生产关系与生产力相匹配,则社会就在已有的生产关系下继续发展,就不会发生革命;当生产关系与生产力不匹配,或者说阻碍生产力的发展,社会就停滞不前,就会以革命的手段打破旧有的生产关系,推动社会向更高阶段的社会发展。马克思的阶梯式的历史结构说比较深刻地揭示了历史进步的结构和动力,有助于加深对历史的认识。

在对历史观和历史的结构作一回顾和概述之后,自然就要回到本书上来。本书也主张历史进化论的历史观,不过,与上述这些历史进化论的历史观不同,它认为历史是波浪式前进的,从一个均衡期或者说间歇期、常态期,经过危机期或者说剧变期、突变期、变态期,向另一个均衡期前进。不过,这绝不意味着历史仅仅只做循环运动,而是会通过革命来使自身从均衡到均衡的循环中向前发展。也可以这么说,历史在常态和变态的交替中不断向前发展,特别是当一个社会变态引发革命,历

① 马克思恩格斯选集(第2卷).北京:人民出版社,1995:32—33.

史就会进入新的高一级的常态。这是本书所持的历史进化论的历史观。在这种历史观下,我们发现任何一个社会都致力于保持社会的平衡,只不过,古代社会的均衡和现代社会的均衡是不一样的,前者为集权静态均衡,后者为分权动态均衡。从集权静态均衡向分权动态均衡过渡标志着社会的进步。危机就是整个社会由于矛盾的积累而导致社会的不均衡,譬如贫富尖锐对立、外族入侵等。处理社会危机的方式有时采用暴力的形式,有时采用非暴力的形式。革命是对危机的最高反应,也是最深刻的反应,它是对现存一切进行颠覆性的处理,革命后的一切都是崭新的,它使社会从循环中迈上了一个新的台阶,推动了社会的巨大进步,也即历史由于革命而进步。不过,不能因为革命有如此大的作用,就无限"革命"。这是错误的,对社会的进步也是不利的。以上这些大致就是本书所要阐述的主要内容,同时也揭示了历史的结构。

第二章　走向历史的均衡

很难给历史的均衡给出一个确切的定义，不过在这里，我还是要对历史的均衡作一个简单的描述。首先引用一些百度中关于均衡的概念，均衡是“系统状态的一种动态平衡。在这种情形下，状态不随时间变化”。百度又说，在西方经济学中，“均衡最一般的意义是指经济事物中有关的变量在一定条件的相互作用下所达到的相对静止的状态”。以此类推，所谓历史的均衡就是历史发展过程中的各种变量，如经济条件、各方面的政治力量、思想意识、规范、制度和长期形成的习惯等，在一定的条件下相互作用，使得国家和社会保持一种相对静止的状态，或者说使国家和社会在某种状态下持续不变。达到了这样一种状态，那我们就可以说这就是历史的均衡，或者说是历史的常态。换句话说，历史的均衡是在一定经济基础上多方角力的结果，由于这个结果对大家来说都相对比较有利，因而任何一方都不愿对这个结果进行变动。于是，这种不变的结果就是历史的均衡。而一旦原有的持续状态发生了相当程度的改变，并且这种改变使共同体向着不可预知的方向恶化下去，或对共同体造成了较大的破坏，或者产生了较大的社会震荡，那我们就说历史不再处于均衡状态中，它开始进入到危机状态或者说历史的变态。历史就是在均衡与危机中震荡前行的。这是本书所要预先阐明的两个概念和一个基本的观点。

在引入了“历史的均衡”这个概念后，我们在分析历史的时候，就会舍弃一些传统的概念，譬如，文明的起源、成长、衰落和解体以及“挑战—应战”，原始社会、奴隶制、封建制、资本主义和共产制度以及“生产力—生产关系”等概念。舍弃这些概念并不是说它们在解释历史时已经失灵，特别是像马克思的“生产力—生产关系”说还是很深刻、很有说服力的，本书对他的这一观点还是深表赞同的。我想说的是，采用新的角度来解释，只是为了补充、完善原有的阐释，并不存在谁取代谁的意思。这样，有助于更全面地加深对历史发展进程的理解，当然，在运用“历史的均衡”来阐释历史的发展过程，也有一些解释的便利之处，可以让人更好地观测到历史的结构。这大概就是我引入“历史的均衡”这个概念的缘由，如果说有缘由的话。

在运用“历史的均衡”来阐释历史的发展过程，我们会发现，自有人类历史始，均衡一直就作为人类追求的一个目标。众所周知，历史的起点是混沌无序的，它并没有一个可以让人模拟的均衡的范本存在，或者说，没有某种政治性力量留下一套现成的有效的习惯、规范和制度，或者说不存在一套拿来就可以用的严密的规范的统治体系，一切都需要人类自身去探索、去构建。处于混沌中的最初的人类，面对自然对人的危害，特别是在人类四周出没的大大小小的食肉动物对自身的威胁，人类不得不摆脱单独无序的状态，本能性地结成一个个的群体，不自觉地团结起来，形成合力，以求得与自然的些许平衡，使自己能够生存下去。这种人类对均衡有序社会状态的最初探索，或者说最初的人类社会，就是原始群。作为人类探索起点的原始群是非常粗糙简单的，甚至还无法称之为均衡统治体系。原始群还很小，只有几十个人；也很松散，在寻找食物和栖息之处的过程中彼此聚集在一起，也有可能在下次寻找食物的过程中又分开了，即没有把他们结合在一起的力量和纽带。他们之间没有什么劳动分工，一起劳动，共同分享劳动成果，共同抵御野兽的袭击。这完全是一种自发行为，并没有规定要这么做或那么做，让谁做或不让谁做。他们处于一种混沌平等的状态，还没有所谓的首领，更没有上下等级的概念。性关系是原始群人与人之间最基本，甚至是唯一的关系。这种性关系表现为群居杂婚的形式，没有固定的配偶，也没有两性交往的习俗，完全是动物性的性关系。这种动物性的性关系表明人类完全不懂什么禁忌，也完全不明了彼此间的血缘关系对群体的作用和价值。总之，此时的原始群还介于无序状态和有序状态之间，处于均衡的萌芽期，是一种高度自发的产物。而这就是人类最初的历史，即一部无规范的历史。

随着人类从最初的攫取性经济迈入生产性经济后，人类对规范和均衡的需求日渐强烈起来。于是，人类在原有不了解血缘关系的基础上努力实践和探索，逐步意识到血缘关系对群体的重要性，并以此建构新的群体组织或社会架构，从而从无禁忌、无规范、无均衡的历史走了出来，使自身进入一种均衡有序的社会状态中去。在历史的长河中，我们看到一个又一个均衡的统治体系出现了，一个又一个闪光的文明产生了。这些均衡的统治体系前后相继，从逐步走向重血缘纽带淡化血缘纽带，从粗糙简单走向严密精致，从对人的价值和精神的贬抑走向强调人的自由、平等和对自身价值的肯定、理性的尊重。具体地说，这些均衡统治体系可分为以下几种，或者说经历了这么几个阶段，它们是：远古时期朴素平等状态下的氏族体系、向不平等状态过渡的酋邦体系、以国家维持不平等状态的均衡的统治体系以及未来处于超国家的平等状态的联合体。在这些均衡统治体系中，以国家维持不平等状态的均衡的统治体系虽然时间不是最长最久，但它却是对均衡统治体系探索的重大结晶，形成了比较精致严密体系框架，在推动社会发展、保持社会稳定和谐方面取得了巨大成功。由于这一时期实现了自给性生产经济向交换性生产经济的发展，其中又经历了两个阶段，第一阶段是以集权体制维持不平等状态的统治体系（这是一种强不平等状态的统治体系）时期；第二阶段是以分权体制维持不平等状态的统治体系（这是一种弱不平等状态的统治体系）时期。由于各个地区历史演变路径的不同，前者又有些次生的均衡统治体系，它们有古代中国大一统的集权体系，古代印度种姓制主导下的统治体系，阿拉伯地区的政教合一统治体系，以及中世纪欧洲政教不完全重叠统治体系等。当然，也不能忘记古希腊罗马非常特殊的多数人的统治体系。而后者产生了英国式、法国式和美国式的次生均衡统治体系。需要说的是，这些均衡的体系虽然形态各异，价值有大有小，但都对历史的发展贡献了自己独特的力量，或者说对历史的均衡作出了自己有益的探索。

一、氏族体系和酋邦体系

氏族体系和酋邦体系是在生产性经济产生前后出现的最初的两种不同的均衡体系，本应该分开来论述，不过，考虑到它们都是国家产生前出现的均衡体系，两者在构建均衡统治体系上又有着许多相似的地方，故而，把它们合在一个篇幅内论述。

我们知道，原始群还没有发现人与人之间天然的血缘关系对群体的价值和作用，还没有依靠它来建构均衡体系。不过，经过数百万年摸索，人类逐步认识到血缘关系对群体组织的重要性，并在此基础上构建起人类历史上第一个均衡体系，虽然它比较简单粗糙，但确保了个体和群体组织延续发展。可以说，血缘关系成了考察人类最初历史，乃至全部社会历史的首要前提之一，或者说考察均衡体系发展的首要条件之一。

虽然从有人类始，人类就结成了一个个的原始群，但原始群不但始终无法形成一个有序均衡的体系，甚至常常面临生存的困境，原始群灭亡的事情在早期人类历史上是经常发生的。原始群的灭亡一方面是因为早期人类的主体力量非常薄弱，自然界“是作为一种完全异己的、有无限威力的和不可制服的力量与人们对立的，人们同自然界的关系完全像动物同自然界的关系一样，人们就像牲畜一样慑服于自然界”。[①] 另一方面是因为对血缘关系和性禁忌缺乏认识，结果原始乱婚行为造成了人口繁殖能力和身体素质的低下，对原始群的生存构成了相当大

---

① 马克思恩格斯选集(第1卷). 北京:人民出版社,1995:81.

的威胁。也即原始群还不知道通过血缘关系有效地把群体内的人们组织好，一些有助于群体生长的习惯还没有形成，这导致了原始群始终在均衡的门槛前徘徊。当然，原始群也并不是对历史的均衡全无贡献。结成群体，过群体的生活这本身就是对历史均衡的一大贡献。没有群体，没有社会，谈何均衡，谈何进步和发展。这完全就是无本之木，无水之源。

随着人类对血缘关系及其重要性有了初步的认识后，就开始借助于这种最初且是唯一可以用来依凭的血缘关系来建构均衡组织，并逐步建立了规范均衡、更具社会性、规模更大的群体组织——母系氏族公社。

氏族开始利用日渐明确的血缘关系进行相互区分。在母系氏族公社，血缘关系已成为确认一个人是否属于本氏族成员的条件。如果一个人为该氏族的某名女子所生，那他就成了该氏族的一名成员，因为他和该氏族有血缘关系。如果不是，就不属于该氏族。于是，所有有血缘关系的男子和女子就都生活在自己的氏族内，与该氏族没有血缘关系的人就被排斥在氏族之外。除物质性的血缘关系外，精神性的图腾也成为区别氏族的标志之一。我们知道，由于氏族时期人类的思维力量薄弱，人们对外界只能作一些虚幻性思考，还不能运用理性的思维。他们信奉自然界存在着神灵或者说超自然的力量，并认为自己所在的氏族起源于某一种动植物，把这种动植物当做自己氏族的图腾，以此区别于别的氏族。这样，各个氏族不仅从血缘关系上，而且还从图腾上日渐区别开来，成为一个个特征较为明显的群体社会。这种氏族与氏族之间的区分有助于团结和保护本氏族的成员，有助于明确氏族之间可否发生婚姻关系，更有助于群体的稳固和发展。

血缘关系不仅把氏族相互区分开来，也是通过这个纽带把本氏族成员结合在一起，发挥他们的力量和智慧，使氏族公社处于一种简单的均衡状态之中。由于都是同一氏族内的、有血缘关系的人，因而，彼此间不分高下，都享有基本平等的氏族权益。这些有血缘关系的成年男女都可以在作为最高权力机关的氏族议事会上平等地参与讨论，有权决定一切重大事务。氏族议事会选举出来的酋长和军事首领和普通成员是平等的，没有上下等级之分，对其他氏族成员没有强制力，他主要通过个人威望和氏族成员的尊敬来获得权力，并为全氏族服务。氏族成员一起劳动，共同拥有劳动产品和生产资料，所有的财产由氏族集体继承，任何人都不得私自支配或单独继承。男女从事的劳动是平等的，都是"一种公共的、为社会所必需的事业"。[①]虽然母系氏族公社允许与外氏族的人通婚，但是，由于为了不把血缘关系搞混，因而，不接受与其他氏族通婚的男子或女子，使得后代"只知其母不知其父"。女性可以使后代留在本氏族内，增加本氏族的人口，男性却无法使后代进入自己的氏族。女性因此得到全氏族人的尊敬，并凭借对子女的亲权使得世系按照母系继承。由于世系按母系继承，母系氏族首领的职位不能由他的儿子担任，只能选举他的兄弟或他姊妹的儿子担任。此外，氏族还借助于图腾进一步巩固群体，使之能更好地发展。对待本氏族的图腾，氏族成员都要加以膜拜，都要保护自己的图腾，不能杀食它们。要是有氏族成员胆敢作出对图腾不利的

① 马克思恩格斯选集(第4卷). 北京：人民出版社，1995：72.

事，将会受到严厉的惩罚。他们还要参与繁殖图腾物的巫术仪式，以达到保护图腾、兴旺本氏族的目的。总之，母系氏族公社依托天然的血缘纽带，借助于虚幻性思考“想”出来的图腾，来稳固群体的生存，促进群体的发展，在探索历史均衡的路上迈出了坚实的一小步。

父系氏族公社是在母系氏族公社的基础上蜕变和发展起来的，它继续发挥着血缘关系在构建群体均衡组织方面的作用，并有了新的发展。随着群婚制向对偶婚演变，并最终过渡到血缘关系更为明确的男娶女嫁的专偶婚，即一夫一妻制婚姻，世系计算或血缘组织纽带上开始由母系转向父系。这是母系氏族公社和父系氏族公社最显著的差别之一，同时也标志着母系氏族开始转变为父系氏族。由于世系按照父系血缘计算，最明显的结果是氏族男性成员的子女均留在本氏族内，女性成员的子女也归属于父系的氏族，继承权归于男性；氏族议事会由男性族长组成，原先由成年男女参加的氏族议事会改由成年男子参加，氏族首领固定为男性担任，并按照父系来世袭，女子基本上处于从属、辅助的地位。也即在某种程度上说，由于生产因素导致的世系属性的改变，男女之间开始变得不平等。和母系氏族不同，父系氏族已不是生产和经济的基本单位。它由若干个父系大家族组成，各个家族构成了生产基本单位。各个大家族之间是平等的，每个男子在家族中的地位也是平等的。土地等生产资料仍归氏族集体所有，并定期分配给各家族使用。各家族成员在家族的范围内集体生产，共同消费。由于生产需要更多的协作，氏族首领可能已经成为比较纯粹的生产组织者，而不直接参与生产。父系氏族的首领可能已经具有公共权威的萌芽了。最后,随着母系氏族社会向父系氏族社会过渡,在自然崇拜和图腾崇拜的基础上衍生出了祖先崇拜,特别是对男性祖先的崇拜。通过对具有血缘亲属的男性祖先亡灵的崇拜,以及强调男性祖先的贡献、历史和规矩,来团结本氏族成员,并得到祖先的庇佑,使本氏族能生存得更好。总之,父系氏族社会的复杂程度较以往的母系氏族社会有了一定的提高,但也高度强调血缘关系,注重祖先崇拜,在组织血缘纽带建构社会秩序性方面比母系氏族社会更为有效,社会发展也较以往有了一定的提高。需要说的是,由于生产的发展以及对外军事斗争的需要,血缘相近的父系氏族或相互毗邻的父系氏族开始进行合并、联合,最终形成了部落。有血缘关系的父系部落再进一步联合发展,就形成了部落联盟。部落和部落联盟虽是比氏族社会大的社会单位,且出于军事斗争的需要,部落联盟设立了最高军事首长,但它也主要依托血缘关系进行联合,各个联合的社会单位是平等的,在很大程度上可以说是氏族社会的扩大翻版。

如果说氏族社会以及由此联合发展起来的部落、部落联盟内部还处于平等的话,那么,酋邦体系则是从平等的氏族社会发展而来并向着不平等状态过渡的均衡体系。酋邦体系有哪些特征,或者说与氏族社会相比较发生了哪些重大的改变呢?

首先,在酋邦的社会结构中存在着一个最高首领,即大酋长。社会权力如军事权力、主掌宗教祭祀的权力、经济生活的控制与管理权力(如公共财产的再分配权)较多地集中在最高首领手中,也即大酋长已经掌握了一些实质性的、能分配物质利益的、支配性的权力,而普通社会成员日益被排除在社会管理之外，各种成员集会的权力逐渐萎缩，因而他在社会结构中往往起着关键的作用。或者说，酋长在整个社会上取得了一种非强制性公共权威的地位，基本上没有其他的权威能与之抗衡。并且，大酋长的职位世袭罔替，由长子继承，这也包括下面要讲到的阶层的职位也世袭罔替了。其次，酋邦与平等的氏族社会的最大不同是存在着不平等的社会分层。这是人类历史上第一次在整个社会范围内出现了不平等(这既是奴役，也是社会进步发展的基础和前提)。整个社会由数个阶层(或等级)构成。阶层的划分原则是依据财产的多寡或所担任的社会公职的不同，不过更多的则是依据与传说中的共同始祖(看来共同始祖不仅仅能起到团结酋邦全体成员的功用，而且还具有排序分层的作用。祖先崇拜的作用还真不一般)或大酋长本人的世系的远近关系，即依据与共同始祖或大酋长的血缘亲疏关系来确定阶层；因为以天然的血缘关系来分层最简便、最省力，也最有说服力、最有效。各阶层之间的关系是不平等的，因而形成一种金字塔式的分层结构。位于这种分层社会顶端的是大酋长。他可以将自己的出身上溯到传说中的共同始祖，享有礼仪上的权威。他往往居住在特殊的场所，平时主持宗教仪式和公共活动，战时则成为指挥全体战士的酋帅。从属于大酋长的村落或部落，各有自己的村落首领和部落酋长，所有的村落或部落都负有忠于最高酋长的义务。再次，酋邦社会中存在着一种社会财富的集中与再分配的体制。剩余产品的增长和生产的专业性分工产生了将产品和劳役在整个社会中分配的需要；而社会分层又导致了社会首领对经济生活的控制，酋长位于社会再分配网络的中心，他可以征收社会产品并进行再分配，还可以征调劳役修造大规模的公共设施，如庙宇、宗教纪念物、灌溉系统等。还有，在军事扩张中，被征服的部落多以纳贡的方式表示对征服部落的服属，酋长往往将收取的贡物以及在战争中攫夺来的财产进行再分配，以巩固和提高自己的威信。最后，与国家相比，酋邦社会是缺乏强制力量的、非制度化的社会。尽管某些酋邦中已出现法律的雏形及原始的暴力组织，但一般来讲，酋长对社会的控制不是基于暴力或合法武力，酋邦的行政管理机构也不如国家那样复杂和制度化。在酋邦实际的社会管理中，传统习惯、社会与宗教的制裁都要比政治力量更为重要。因为在酋邦时代的人看来，神灵的力量是"实际"存在的。那些烙上"神谕"印记的道德规范和准则是神圣不可侵犯的，否则就视为对神灵的大不敬。对那些冒犯"神谕"的人，酋长作为神在世间的代理人，他会在宗教祭祀上发出诅咒，或者加以指责，以此来惩罚他们，维护道德规范的尊严和社会秩序的稳定。

可见，酋邦社会依然要依托并借助于血缘关系来组织统治体系，不过，其作用已不局限于团结巩固群体的作用，它已将社会分层的效用纳入自己的视野中，即酋邦内部已不平等；不再是成员平等的、随意性的参与决策和管理，而是具有中央集权式的、专门性的管理系统乃至至高权威，但缺乏暴力和政府组织。不过，这种非强制性权威具有原先氏族首领无法比拟的权力，在维持社会的运转、确保等级秩序方面发挥着巨大的作用；严格控制物质生产和财富分配，社会剩余财富日益向酋长集中，集中的方式日益制度化，但却没有形成财产私有制；社会发生分层分化，出现等级和特权，但由于合法暴力和私有制并未产生,还未能产生真正意义上的阶级。所以,酋邦社会被认为是介于原始社会和文明社会之间的、由前者向后者演进的过渡性的社会及社会发展阶段,[①]或者说正向不平等均衡统治体系过渡。

不过应当指出,在酋邦中,最高酋长的权力并非是绝对专制的。事实上,传统的氏族制度与原始民主因素仍在不同程度上影响着酋长对社会的统治。例如,在酋邦中普遍存在着由氏族贵族组成的议事机构,这种议事机构在王位继承等重大问题上,往往成为限制酋长个人权力的力量。另外,酋邦的基层组织,即归属于酋长所在的中心部落的那些普通部落或村落,在向酋长纳贡和表示归服的前提下,在管理内部事务上仍保持着相对的独立性和自主权。在这一级组织中,传统的氏族制度的原则仍在不同程度上发挥着作用。在某些地区,公民大会甚至仍在起着重要的作用。[②] 事实上,在合法暴力出现前,专制权力是很难产生的,否则,就有可能导致酋邦失去平衡,发生混乱,乃至毁灭。

综上所述,我们可以看到,氏族体系和酋邦体系都以血缘纽带来构建均衡体系,都以“万物有灵”的观念,具体表现为图腾崇拜和祖先崇拜,来满足早期人类的生存需要和群体组织延续的需要。这些是它们的共同之处。不过,氏族体系是通过建立朴素的平等关系(这种平等关系是建立在血缘关系上的狭隘的平等关系)来确保群体组织的生存和延续。这很大程度是由

① 施治生,郭方. 古代民主与共和制度. 北京:中国社会科学出版社,1998:58—59.

② 同上,第 62 页.

生产力落后所决定的，即生产力还没有达到不平等阶层产生的条件。应该说，这种朴素的平等关系在人类早期历史的发展过程中发挥了重要的作用。没有朴素的平等关系，人类不可能有后续精彩的表现。酋邦体系则是产生了不平等的关系，出现了等级和特权，不过，这种等级与特权并不是很强烈或者说过分，还处在一种温和的状态中。也即酋长、议事机构和普通成员之间还能通过一种非正式的公共约束力保持一种均衡，还不需要暴力来维持、巩固酋邦的稳定性。这种不平等酋邦的产生可以说是生产力发展的结果，特别是攫取性经济向生产性经济过渡的结果。因为当生产力提高到剩余产品出现，而且剩余产品不断地增多时，财富的分配就难免不均衡，私有财产的萌芽也就出现了，这样，财富和权力也就不可避免地集中于某些人手里，社会也就进入不平等的状态中了。此后，一部数千年的世界历史，就是一部不平等的历史，就是一部不平等走向平等的历史。这就是全部世界历史的内容。而如何在不平等条件下维持剩余产品不断增加的社会的均衡，就构成了一个摆在统治者面前的紧迫的课题。

二、强不平等状态下的集权国家体系

国家的产生，标志着人类社会历史进入了新纪元，即进入一个用暴力来维护不平等关系的社会，进入一个以暴力维持社会均衡的阶段。由于国家的建立，合法暴力的运用，王权统治成为最初维持均衡统治的形式。新兴的王权统治者为维护权力统治的稳固以及社会的均衡，不断强化王权的力量，逐渐发展成为专制集权主义。专制集权主义也就成了古代世界占统治地位的统治方式,成为维护等级和特权的强有力的保障,成为建构不平等状态下均衡统治体系的主导力量。而由它建构的新的不平等均衡统治体系,笔者称之为强不平等状态下的集权均衡统治体系。需要说的是,专制主义取代王权指的是一种趋势和倾向,并不是说专制王权出现了,王权就退出了历史舞台。事实上,王权始终存在于古代世界。不过,我在这里着重描述历史方向性的东西,其他的就不作论述了。

专制主义统治作为一种维持不平等社会均衡的统治形式,其核心是要极度强化新兴王权力量,将其置于其他力量望尘莫及的地位上,从而使不平等统治存续下去。简单地说,就是要无限扩大、放大君主的权力,将国家大权集于君主一身,使君主在全国范围内处于至高无上的权威地位,或者说君主具有绝对的、无限的权力,不受任何法律和其他权力机构的限制。其权力结构表现出以下几个特点:权力集中于中央;中央的权力又集于君主一人身上;君主的权力来自于神;臣民没有丝毫的权力,与君主的关系是主人与奴仆的关系;君权世代相传,即采用世袭继承制。

权力高度集于君主一人手里是专制主义权力结构的第一大特征。我们知道,古埃及是四大文明古国之一,也是专制主义比较成熟的国家之一。在古埃及,“法老作为古埃及的专制主义统治的君主,具有法律、行政和财政等一切方面的无限权力,实行以个人意志为转移的一人的绝对的统治。”[①]首先,法老

① 施治生,刘欣如.古代王权与专制主义.北京:中国社会科学出版社,1993:195.

掌握着立法权，通过制定法律把自己的意志贯彻到每一个臣民身上，每一个臣民都要遵守他制定的法律，包括他的口谕和敕令。法老还会随着自己意志的改变而任意地对任何法规进行修改或废除；其次，法老独揽司法权。一方面直接任命法官代表自己对案件进行审判，另一方面死亡判决和特赦只能由法老亲自决定，别人是无权过问的，全国臣民的生死完全掌握在法老一人手中；再次，法老还掌握着一切行政权，决定中央和地方官员的任免升迁。维西尔(即宰相)虽主持日常政务，但没有决策权，还要每天向法老汇报国家要事。

古巴比伦也是四大文明古国之一，在汉谟拉比统治时期，中央集权君主统治业已成型。国王在全国处于主宰地位，独揽国家一切大权，如任免官吏、掌管军队和制定法律等。在赫梯国家，国王掌握着国家最大权力，他是最高的祭祀长、立法者和军队统帅，议事会根本无法起到约束国王权力的作用。在阿拉伯帝国，哈里发兼具宗教领袖和政治领袖之职，是独揽政治、军事和宗教大权的专制君主，其权力是神圣不可侵犯的。大臣由哈里发任命，其权力受到哈里发的严格控制，如有越权必受严厉的惩罚，乃至处死。奥斯曼帝国是政教合一的伊斯兰国家，它继承了东方君主专制的模式，最高统治者苏丹集世俗、宗教权力于一身，是安拉的代表、臣民的主人和军队的统帅。

作为另一个文明古国的古印度也不例外。印度是一个分裂期多于统一期的国家，历史上只有孔雀王朝和莫卧儿王朝基本上统一了印度，其他都是一些地方性小国。不过，这些印度历史上大大小小的国家实行了不同类型的专制王权统治。如统治印度的孔雀王朝，国王是最高的权威，虽然大臣会议可以制约王权，但是最终的决定权仍被国王所掌握，而且他能够通过选择会议成员的方法来控制它。德里苏丹王国的苏丹掌握了国家的最高行政、立法、司法和军事权力，虽然立法时要考虑沙里阿(伊斯兰法)的基本规定，但一般都把对它的解释权握在自己手里。莫卧儿王朝则更进一步，王权高于一切，国王不仅是集军政大权于一身的国家领袖，而且是宗教的最高权威。

在四大文明古国中，古代中国是专制主义起点早、专制时间最漫长的国家。夏商时，就借助武力讨伐不服王权统治的部族，以保证自己的权威不受损害。周王朝大肆分封姬姓诸侯国，它通过血缘宗法关系来确立君臣关系，保障周天子的权威。如果不服从周天子的领导，就要受到严厉的惩罚。“一不朝，则贬其爵；再不朝，则削其地；三不朝，则六师移之。”(《孟子·告子下》)秦始皇统一中国后，建立了皇权至上的权力结构。皇帝拥有至高无上的权力，国家的一切重要政务皆由皇帝一人裁决，不允许他人分享自己的权力，即君主集立法、司法、行政、军事指挥于一身，对臣民拥有生杀予夺的权力。自秦始皇始，“天下之事无大小皆决于上。”(《史记·秦始皇本纪》)自此后，历朝历代的皇帝无不紧握至高权力，唯恐大权旁落。如明太祖朱元璋时，“中外奏章皆上彻御览，每断大事，决大疑，臣下唯面奏取旨。”(黄佐、廖道南:《殿阁词林记》卷九)清康熙皇帝也说:“今大小事务，皆朕一人亲理，无可旁贷。若将要物分任于人，则断不可行。所以无论巨细，朕心躬自断制。”(《康熙朝东华录》卷九十一)要是有臣民敢怀疑、动摇乃至取代君主这种绝对的、唯一的、不可动摇的、无可替代和不可分割的权威，就会受到律条的严厉惩罚，乃至处以严酷的死刑。

在希腊化诸王朝，虽保留了希腊城邦制度的某些形式，但专制主义的统治已深入统治者的血液中。此时，王权已不受战士议会的限制，国王的旨意通过王室法令和国王信件转变为法律，臣民必须加以遵守。而且，王朝内部各个民族的法律也要服从国王的法律。当对国王利益有利，国王的行政命令就是法律；不利时，行政命令就侵犯法律。总之，国王集最高行政权和司法权于一身，成了名副其实的专制统治者。罗马帝国也不例外。一些限制和制约元首或皇帝权力的权力机构和社会团体的权力逐渐萎缩，君主的意志成了法律。进入帝国后，原先在共和时期能制定法律的各民众会议，如平民会决议和百人团民众会议，其立法活动到公元 1 世纪末 2 世纪初便停止了；具有立法权的元老院的决议仅仅表现为对皇帝建议的简单接受；长官法的革新势头同样由于长官们对皇帝的依附而磨灭了；法学家之间的分歧最终也由皇帝定夺。而表现为皇帝谕令的皇帝直接立法权却逐步得到确立。到塞维鲁时期，法学家乌尔比安提出了一条著名原则："皇帝喜欢的东西就具有法律效力。"[1]总之，罗马帝国的最高统治者掌握了最高国家权力，也独断专行了。拜占庭帝国也是如此。皇帝集政治、军事、宗教、司法于一身，他可以制定法律，以此来巩固自己的地位和权力，拥有对教会的"至尊权"，包括任免高级教士、解释圣经和教义以及仲裁宗教争端等权力。

需要指出的是，中国的专制主义在无限扩大君主权力的同

---

① 宋立宏.罗马帝国行省体系中的皇帝——以罗马不列颠为例.南京大学学报(哲学·人文科学·社会科学)，2006(5).

时，还适当收缩权力，以退为进，确保专制主义统治能长久地延续下去。我们知道，专制主义存在着一个致命的或者说与生俱来的缺陷，就是君主不受限制，凌驾于法律之上，政务的处理随着君主意志和性情的改变而发生变化，具有极大的不确定性。一旦君主利用权力恣情肆意，极有可能坠入暴政的境地，危害君主自身的统治。如秦始皇对臣民专任刑罚，焚书坑儒，动用巨大的人力财力造阿房宫和骊山陵。秦二世胡亥因而不改，"税民深者为明吏，杀人众者为忠臣，刑者相半于道，而死人日成积于市。"(《资治通鉴・秦纪三》)结果秦朝 15 年而亡。为使专制统治长久下去，古代中国的专制主义王权适当地收缩了自己手中的权力。一方面，要求君主注重道德修养，"为政以德"，行仁于民，避免暴政危害君权统治；另一方面，对君权进行了所谓的约束和限制。这个约束就是"天"。在古代中国人看来，"天"是宇宙间最高的主宰，也即人间帝王的约束。如果君主自昏妄为，天就会以各种灾异予以警戒。若不按天意办事，就给以惩罚。也就是说，"天"对君主滥用权力进行了限制，即"君权天制"。这种对君主的约束在实践中也产生了一定的效果。如在唐代，"约略统计，有唐一代，帝王颁布的因灾求言诏令计有 19 次之多，其中太宗 5 次，高宗 6 次，武后 1 次，中宗 1 次，玄宗 2 次，德宗 2 次，文宗 2 次，几乎贯穿王朝始终。……上言人员所任职务包括宰相与级别较低的主簿等地方官员……不仅是谏官，整个统治阶层都有所涉及。"[①]这在一定程度上起到了规范君主行为的作用，有裨益于君主专制统治。总之，仁德的要

① 李军. 论唐代帝王的因灾求言. 首都师范大学学报(社会科学版)，2006(1).

求和上天的“约束”使中国的君主专制比同时代其他帝国的君主专制要温和一些，也使得它更稳固些。

专制主义权力结构的第二大特征是普遍采用中央集权制。中央集权制指的是国家一切权力都集中在以君主为首的朝廷手里，任何独立或半独立的权力无论何时何地都不允许存在。因为任何独立、半独立权力的存在都会对君权构成威胁，妨碍君权的巩固，从而导致国家的分裂和动荡。

古代社会最典型的中央集权制当属中国。中国的专制主义中央集权不仅延续时间长(延续了2500年)，而且也非常稳固，基本上没有发生质的变化。在古代中国，早在周朝就树立了君主的权威，不允许独立、半独立的部族存在。战国时期，形成了区域性的专制集权制度。秦统一中国后，正式确立起“大一统”的中央集权制，君权的绝对性得到了更有效的保障。这种中央集权制的主要特点有：以君权为中心，在中央设立分掌政务、军事和监察的官员，在地方设立郡县制，不再分封诸侯；中央和郡县官员皆由君主任免，他人无权任命官吏，官吏也只效忠于君主一人，形成了一个从中央到地方，从政治到经济、军事，庞大、严密而又垂直的官僚体系。它消除了相对独立于君权的政治力量，有力地巩固了君权。秦汉以降的帝国虽然版图得到进一步的扩大，行政区划层次有所增加，中央各部门的名号称呼不同，权力分属和职责不一(如秦时为三公九卿制，魏晋南北朝为三省六部制)，但这种高度中央集权的体制得到了很好的延续、巩固。特别是到了明清，存续千年的相权被废止，皇帝直接领导六部，专制主义中央集权达到了登峰造极的地步。

古代中国的中央集权制延续时间长且稳固，是和文官制密不可分的。古代中国的文官制出现得早。早在春秋战国时就出现了,并逐渐成为执行政务的主要力量。这使得古代中国的官僚制一开始就具有“文官”的性质。秦时,文官制度已经基本完备。像县令一般由文职人员担任,并且有战功的侯爵只可收取食邑内的租税,不得干预郡县政事。这种官与爵、文与武的分立,进一步巩固了中央集权制。随着儒家在汉武帝时被钦定为官方学说后,儒者出身的文官成为官僚队伍的主体。这些文官受到儒家经世致用、兴邦治国、教民化俗思想的熏陶,有着强烈的“以天下为己任”的意识和自觉的忠君意识,较之以狭隘地域为中心的世袭贵族和拥兵自重、割据一方的武将,更能坚持和贯彻“大一统”的理念,从而更自觉地维护君主的权威和帝国的统一。此外,儒家强调修身和为政以德,因此文官政治显得较为温和。总之,秦帝国至清帝国依靠庞大的以文官为主体的官僚机构进行统治,不仅造成了温和的政治,也培养了一代代忠于皇帝的官员,使得武人割据难以在帝国立脚,有力地巩固了中央集权制。

此外,中国的郡县制在巩固中央集权方面也优于其他国家的行省总督制、苏巴制,也是中国专制集权制发达而长久的原因之一。在郡县制下,君主不仅掌握着郡县主要官员的任免权,而且,还建立严格的监督制度,并对郡县的行政权与军权进行分割。结果是,“有叛人而无叛吏”,“有叛国而无叛郡”。行省总督制或苏巴制下,总督或苏巴达尔具有相当大的军政权力,某种程度上可以说是半独立的王国,极易形成地方割据政权,不听从中央的调遣。

在古埃及,法老统治通过中央集权的官僚主义制度来完成。法老政府分中央和地方两级管理，各级官员都由法老直接任免，并对法老负责。中央政府的最高官吏为维西尔，辅佐法老管理国家行政、司法和经济等事务。维西尔以下分有很多职能部门，有粮食部、司法部和祭祀部等，管理王国相应的行政事务。维西尔还直接管辖僧侣，拥有宗教大权。由于维西尔是法老政府最有实权的大臣，该职务从第四王朝起就由王子担任。同时，为防止维西尔篡夺法老权力并加强中央集权统治，新王国时代在上下埃及分设了两个维西尔。法老政府在地方设立州长来管理地方事务，州长主要负责税收的征收、水利建设以及掌管司法等，完全听命于法老，执行法老的各项命令。总之，法老政府的官僚主义集权化管理还是比较严密而完善的。

在印度，孔雀王朝第一次建立了中央集权统治。帝国对原来的小王国进行统一管理，一切高级军政官员都由国王任命。大臣会议虽能制约王权，但国王已掌控了最后的决定权。帝国分若干省区，由省督负责管理。国王通过省区臣僚会议对省督进行节制，同时中央还派出各类监督官。作为大一统帝国的莫卧儿王朝也建立了中央集权的行政制度。中央设有由国王任命的负责军事、宗教、司法和财税四名重要大臣，大臣之间互相牵制，以防某一大臣权力过大。全国划分为 15 个苏巴(省)，其行政领导为苏巴达尔(省督)。省主要官员由国王任命，包括不属省督管辖的财政主管地万，他直接向君主负责，目的是牵制苏巴达尔，防止他权力过大。省下设县，虽然县行政官由省督管辖，但却由国王任免。与此同时，帝国实行军事化的行政管理制度，即曼沙达尔制度。曼沙达尔共分 33 级，授予给为帝国提供军役服务的官员，后来也授予文职人员。每级曼沙达尔从帝国获得相应的现金或者一定的扎吉尔封地作为薪饷，并向帝国提供一定数量的军队。曼沙达尔的选用、升迁、罢免等皆由君主亲自掌管，且其职位不得世袭。曼沙达尔制度使众多的封地持有者与中央集权的官僚等级制融为一体，强化了中央集权。

阿拉伯帝国是政教合一的帝国，建有一个比较严密的中央集权官僚体系。官僚机构最高行政长官称“维齐尔”，即首相，一般由哈里发从亲信中选任，辅佐哈里发总理全国事务。首相以下有分掌财政、司法、工商和军事等各部大臣。阿拉伯帝国对地方的统治和管理是通过总督制度来完成的。行省总督由哈里发任命，负责行省军政大权，税收由哈里发派驻的税收官负责。总督必须接受哈里发派驻行省的钦差大臣的监督，任期短，调任快，以防其日久坐大，威胁中央政权。税务官负责行省的财政税收，直接对哈里发负责，以加强中央对行省的控制。地方司法系统从地方行政部门分离出来，与中央大法官构成一个独立的系统，适应了专制统治的需要。同时，建立严密的情报网，监控地方官吏和民众。

奥斯曼帝国也是中央集权的封建军事性帝国。在苏丹之下设有国务会议，成员包括大臣、大法官和国务秘书。国务会议作出的决定需经苏丹签署方能有效。素丹有一支经过专门训练、教育并绝对服从他的近卫军，他们不交纳赋税，不受一般司法(指伊斯兰法庭)审理，可以担任国家官职，其最高职务可做第一大臣，即国家首相。除此之外，帝国还设立了负责司法和教律裁判的伊斯兰委员会，以“伊斯兰教长老”为最高职务，与第一大臣的地位相等。“伊斯兰教长老”由苏丹在各地穆夫提中亲自选拔和任命。这种专制统治对加强中央的统一领导和集中管理,巩固帝国秩序起了重要的作用。

专制主义权力结构的第三大特点是“专制君主几乎都把其权力来源归之于神,宣扬君权神授作为政权的精神支柱和基础,甚至自封为神或神的后裔,具有超人的神性,人格被神化”。①

一方面,专制主义无限扩大君主的权力,把立法权、司法权、行政权、军权以及宗教大权等一切权力都集于君主一人之身,不允许有丝毫的分权(虽然由于科技和生产力的不发达会导致“天高皇帝远”,但在主观上君主和中央是不允许地方分权的)。另一方面,君主不断放大自己的权力。如何来放大自己的权力呢?最好办法就是神化王权,即认为王权是至高无上的,是上天或神授予的,简单地说是君权神授。

在古埃及,法老通常被看成是“伟大的神”、“善良的神”或“拉之子”等。如第5王朝萨胡勒法老的西奈铭文中就说他是“伟大的神”,第19王朝谢提一世在其阿拜多斯敕令中就说自己是“善良的神”、“奥西里斯之子”。第12王朝塞索斯特里斯一世的铭文中写有“拉之子,塞索斯特里斯”。第19王朝拉美西斯二世和拉美西斯三世的铭文则把阿蒙·拉神称为“自己的父亲”和“可敬的父亲”。图特摩斯的神庙里写着阿蒙神是“我的父亲,而我是他的儿子”。② 总之,法老都自认为自己是神或神之子。既然自己是神或神之子,那其拥有的权力就是神权或

① 施治生,刘欣如.古代王权与专制主义.北京:中国社会科学出版社,1993:7.
② 同上,第190—191页.

神授予的权力,是神圣不可侵犯的。

在古代中国,早在殷朝,就已经开始神化王权。殷人认为宇宙间有个至高无上的神,即“帝”或“上帝”。在商人看来,上帝不仅主宰人世间的万事万物,而且也是国王权力的来源,即王权神授。可见,至少从商起,君权神授的思想就已经产生了。周王朝灭商朝后,大力宣扬天命说,认为自己受命于天,周君受命为天子。汉朝建立后,也大力鼓吹君权神授思想。统治者的代言人董仲舒认为,天创造了万物,创造了“国王”和“君主”。天子受命于天,代天赏罚。“唯天子受命于天,天下受命与天子”(《春秋繁露·为人者天》)。自董仲舒系统阐发天命思想后,历朝历代的皇帝莫不自认为自己是天的儿子,代天牧守天下和臣民。需要指出的是,中国古代的统治者在用天命神化王权的同时,也强调用人心解释天命,即王权的予夺是以人心向背为准绳的。由此可见,古代中国在放大王权的同时,还不忘适当压缩下王权,以使统治者保持清醒头脑,让自己的统治万世而安。

在欧洲大陆,戴克里先执掌罗马帝国大权后,就自比为“朱庇特之子”,公开宣称他的权力来自至高无上的神,而不是罗马公民。拜占庭帝国的皇帝则被神化为上帝在人间的代表。随着日耳曼人灭亡西罗马帝国后,就逐渐开始接受基督教的神化王权的主张,即国王是上帝在世间的代表。而且,西欧的王权统治者还举行国王加冕仪式,即涂油来为西欧的国王加冕,以此来昭示自己的权力来自于上帝,或者说上帝授权他统治万民。在阿拉伯帝国,哈里发自称权力来自安拉,是“安拉在大地的影子”,要求穆斯林每周五聚礼时,必须要为他诵念祈祷。印度的国王也宣称自己的权力是神授予的。如阿育王在铭文敕令中自称“天爱王”，即“诸神的宠爱者”。《摩奴法论》则宣称国王是“具有人的形象的伟大神明”。[①] 阿布尔·法兹尔写到：“国王的职位由真主授予一位杰出的人物”，“不需要什么中间人的推荐”。[②]

综上所述，君权神授的观念在专制主义社会是非常普遍的。专制主义社会之所以强调君权神授的思想，原因在于神授君权，或者说借助于天或上帝无限放大王权，一方面具有天然合理性，另一方面也造成了臣民的敬畏感，让臣民与之相比显得很渺小，使其不敢有丝毫的妄动，即具有神圣不可侵犯性。正像威尔·杜兰所分析的，戴克里先之所以自比为神，是因为“他的帝位并非正统的，为了巩固它，以及平息百姓的作乱和军队的反叛，他尽量用神力及威严，使他们不敢存非分之想”[③]。也即王权为保卫自己，总是不择手段地放大自己的权力，相比之下，臣民的权就无形中变小了，也就不敢对王权有所妄动了，从而也就确保了整个社会的均衡稳定。

臣民匍匐于君主脚下，没有丝毫的权力是专制主义权力结构的第四大特征。作为暴力统治下的不平等社会，一方面要无限扩大、放大君主权力，强调专制王权的绝对性、无条件性和不受限制性；另一方面就是要无限缩小臣民的权力，乃至剥夺其权力，使臣民绝对顺从、无条件服从君主，从而达到矮化臣民并

① 林承节.印度史.北京：人民出版社，2004：42.

② 同上，第161页.

③ 威尔·杜兰.世界文明史.北京：东方出版社，1999：845.转引自李增洪.古代西方“君权神授”观之历史考察.首都师范大学学报(社会科学版)，2004(5).

使其成为专制王权摆布的玩偶的目的。或者说，只强调君主一人的权威和利益，造君主一人之神，不允许任何独立于君权之外的权威存在。臣民没有丝毫权力，完全驯服于君主，并且其人身自由受到严密的控制。专制主义视臣民如草芥，予以任意的践踏，臣民若有反抗，则会遭受到严厉的打击和残酷的迫害。

在古代中国，臣民没有任何权力，就连自己的生死也无法掌握。一夜之间也可以高升，一夜之间可以家毁人亡，完全取决于君主的意志。即便是功臣、知识分子也无法掌握自己的命运，也只能在专制主义的统治下风雨飘摇。第一个大一统帝国秦朝建立后，就焚书坑儒，坑杀 460 多人。自此后，文字狱迭兴。其中以明清时期的文字狱最为严酷，最骇人听闻。如杭州府学教授徐一夔作贺表，写有“光天之下，天生圣人，为世作则”等句。朱元璋妄作附会，将“光”附会为剃光头，“圣”附会为僧，“则”附会为贼，便把他杀了。此等对表笺贺词的附会在《廿二史札记》中还有不少，这里就不多举了。清代康雍乾时期，见诸史籍的文字狱就多达 108 起，其中“庄廷龙《明史稿》案”、“戴名世《南山集》案”和“吕留良《文选》案”为轰动全国的文字狱案，殃及的人成百上千。再如功臣被杀，历朝历代都有。像汉高祖刘邦就把自认为有威胁性的几位武将韩信、彭越、英布等诛杀了，明太祖则几乎把开国功臣全杀了，胡惟庸案诛杀达 3 万多人，蓝玉案牵连被杀有 1.5 万余人。总之，在专制王权下，臣民人人自危，朝不保夕，毫无权力可言。

古代中国的专制主义还严密控制农民的人身自由，不允许农民随意脱离户籍所在地，以此让农民感到专制王权无处不在，不敢有任何举动，唯有小心伺候。也即在专制王权压制下，臣民彻底矮化。专制王权首先是严格户籍登记。西周时，就已经产生户籍登记制度。不仅有掌管户籍的官员，而且对年满 8 个月的男孩和年满 7 个月女孩在内的人进行包括居住地、性别和生死情况等的登记；每隔三年进行一次人口调查核实。秦帝国建立后，规定了生著死削的统一办法，对不报、虚报、假报户口者严加惩罚。汉代还要求官吏对户口进行检查和登记，即所谓的“案比”。自此后，历代帝国无不采用与秦汉时大同小异的户口登记。其次是户籍管理非常严密。秦朝的户籍管理制度就已相当完备。一方面，采用什伍编制和连坐制，即“令民为什伍，而相牧司连坐”(《史记·商君列传》)；另一方面，实行“使民无得擅徙”(《商君·垦令》)的迁移制度。如有迁居，应请求地方官吏“更籍”，否则即以匿逃罪惩处。汉时，实行编户齐民和乡亭制等办法，使户籍管理更加完善和周密。自此后，帝国不断加强对乡里组织的建设、渗透和控制，以此来达到清查户口以及维护地方治安的目的。如明代实行里甲制，“以一百十户为一里，摊丁粮多者十户为长，余百户为十甲。甲凡十人。岁役里长一人，甲首一人。”(《明史·食货志》)同时，通过户籍管理加强了对人身的控制。以登记人口为主的赋役黄册编定后，户籍不得随意改动。如有擅自流动，里甲若有发现并藏而不报，则受连坐之罪。如要离乡百里，须有官府发给的“路引”，逃离里甲者将被处以极刑。清朝也基本如此。清朝实行保甲制，光绪《大清会典事例·户部》规定：“州县城乡十户立一牌头，十牌立一甲头，十甲立一保长，户给印牌一张，备书姓名丁数，出则注明所往，入则稽其所来”。对外来不明者，拿送官府定罪。总之，专制王权通过户籍管理来控制、束缚民众的人身自由，严惩那些任意离开户口所在地者，从而把专制王权号令和威严贯彻至每一个人，使臣民不敢有所异动。

在中世纪欧洲，农奴依附于封建领主，没有人身自由，即没有迁徙的自由、买卖土地和其他重大财物的自由、支配自身劳动的自由、婚姻自由、财产继承自由等。封建主可以随意处置，可以将其买卖或者转让，连带土地或者不连带土地都可以。并且，当两个不同庄园上的农奴被准予结婚时，往往言明其子女要在两个主人间瓜分。在这方面，农奴甚至连奴隶都不如。狄奥多西法典曾规定，如果在继承人之间瓜分奴隶，应注意保持其家庭完聚，勿使流散，而对农奴却没有类似的规定。主人可以任意处罚、监禁、拷打，只要不伤残肢体、危及生命。即便法律上主人不能伤残或杀害农奴，但实际上农奴遭遇这种待遇也无权上告，因而，封建主杀害农奴的事时有发生。[①] 在欧亚大陆的其他地方，杀戮臣民是专制主义家常便饭的事，没有一个专制王权不杀臣民的，臣民时刻面临被诛杀的命运，更有的是殉葬了。“人为刀俎，我为鱼肉”是专制社会最形象、最生动的写照。

皇位世袭制是专制主义权力结构的最后一大特征。纵观古代专制社会，君主都采用世袭继承制，皇位仅限于皇族内，绝不外传，除非改朝换代。要是在专制王权统治期内，没有皇族血缘的人胆敢染指皇位，就会处以极刑。这体现了专制主义权力结构的封闭性以及天然的不平等性。

古代中国的嫡长子继承制是最典型、最有效的君主之位继

---

① 马克垚. 西欧封建经济形态研究. 北京：人民出版社，2001：198—199.

承制。古代中国的嫡长子继承制建立的时间早，而且比较严格、稳定。早在商代王位继承上就已传子，不过，也传弟，并不严格。结果是导致王位纷争，“废适而更立诸弟子，弟子或争相代立”(《史记·殷本纪》)。周朝总结殷商王位继承的经验，确立了严格的嫡长子继承制。它包含两个基本原则：①“立嫡以长不以贤”；②“立子以贵不以长”(《春秋公羊传》)。至此后，嫡长子继承制为秦帝国至清帝国的所有帝国所继承。嫡长子继承制相对于其他继承制，标准不仅更为客观、单一、易于操作，而且一目了然，无可争议，易服众。它最大限度地避免了皇族内部由于为争夺权位和财产的继承而引发的冲突，从而维护了君权的威严和帝国的稳定。在中世纪欧洲，王位的继承和古代中国非常相似，也是实行严格的长子继承制。王位的继承以长子继承权来决定，即王位由君主的长子继承，然后才依次轮到其他儿子，最后才轮到女儿。在阿拉伯帝国也是如此，只不过它的世袭制并没有明确地规定必须子承父业，父子、兄弟和叔侄之间都可以承继哈里发职位。奥斯曼帝国也像阿拉伯帝国一样不完全是父子相传，有时由王室中最年长者继承。总之，皇位世袭在古代社会是普遍的。这一方面是因为世袭制有助于保持王位继承的连续性和稳定性，有裨益于社会的稳定和发展；另一方面古代集权体系脱胎于酋邦体系，也大力强调血缘关系，而不是要脱离血缘关系，从而也就很自然地强化了血缘关系在皇位继承上的作用。需要指出的是，虽然都是世袭继承制，但是继承的方式不一，有的父子相继，有的不是，从而对确保社会稳定和均衡的程度也有差别。很明显，古代中国确立了严格的嫡长子继承制，在整个统治有效期内其社会稳定程度是很高的。而奥斯曼帝国不是这样，其新继承者往往将他的所有兄弟全部杀掉或将其软禁，数十年不见天日。这造成王位潜在继承者的心智扭曲或是知识匮乏，最终造成素丹的素质低下，无力治国，以至于最高权力旁落到素丹宠妻们手上，形成闺房统治，损害了素丹的威严和帝国的安定。

总之，国家的产生使得王权，特别是专制王权成为构建均衡统治体系的新兴主导力量和支配力量。处于金字塔尖的专制王权是为数极少的一群人，臣民却是占据了国家的主体。专制王权为了与臣民力量保持均衡，疯狂地在权力天平上自己的一侧加码，它不断扩大、放大君主的权力，踩压臣民的权力，使其完全匍匐于君主的脚下，形成了权力高度不对称的结构。这种权力高度不对称的结构确保了不平等社会的有效运行，确保了专制王权的稳固统治。换而言之，臣民都有权力，其权力与王权平等，那么，这种强不平等社会肯定就无法运转下去。

专制不平等社会不仅通过强化权力的不对称来保持均衡，而且，还利用原有的血缘关系来划分社会阶层，强化已存在的不平等。这种依托血缘关系建立的不平等制度就是古代社会出现的各种各样的等级制度，有中国的宗法制、印度的种姓制、阿拉伯帝国和中世纪欧洲国家的封建等级制等。这些社会等级制度有着共同之处：等级和血缘挂钩，等级森严，最大限度地保持社会阶层的封闭性，等级身份世袭继承，很少有自下而上的流动。也即社会通过血缘确立等级关系，而且，一旦血缘等级确立，血缘等级之间就不能流动。这种血缘等级关系在保持社会均衡方面都起着重要的作用，即它使各等级成员固守在自己的等级里各司其职、各尽其力、安分守己，确保了社会的有序运行、均衡稳定。需要说的是，这种血缘均衡统治体系表现出刚性的特征，或者说是一种静态均衡，社会缺乏流动的均衡。

印度的种姓制度是古代社会最为典型的社会等级制度，以等级森严、结构稳固著称。印度种姓制萌芽于早期吠陀时代，正式产生于后期吠陀时代。它是随着雅利安人入侵印度，征服包括达罗毗荼人在内的非雅利安人，并与他们严格区分的情况下产生的。印度种姓制分四个等级，为婆罗门、刹帝利、吠舍、首陀罗。其中，婆罗门和刹帝利是四大种姓中的高种姓，吠舍和首陀罗是低种姓。婆罗门作为第一种姓，主要负责宗教祭祀，垄断宗教和文化特权，是各种精神生活的统治者。刹帝利是第二种姓，掌握着世俗的军政权力，包括国王、王公、贵族和武士等。吠舍是第三种姓，主要是普通平民，他们从事商业和手工业等。他们在政治上没有特权，还要纳税供养婆罗门和刹帝利。首陀罗是第四种姓，也是四个种姓中最卑微的，深受前三个种姓的歧视、奴役和压迫，甚至连生命都得不到保障。它主要由达罗毗荼人组成，一般从事农业生产以及低贱的职业。

印度种姓制有着自己鲜明的特点，主要是：首先，把等级神圣化。《梨俱吠陀》认为四大种姓产生于梵天大神身体的不同部分，即“他的嘴变成了婆罗门，他的双臂变成了罗阇尼亚（即刹帝利），他的双腿变成了吠舍，他的双脚生出首陀罗。”[①]因而，这种等级是天经地义的，不可怀疑、不可动摇的。其次，各种姓的社会等级地位和家庭出身、血缘关系密切相关，而且，一旦血缘等级确定，就世袭不变。种姓地位高低还和职业贵贱相一

① 转引自林志纯. 世界上古史纲（上册）. 天津：天津教育出版社，2007：309.

致,即种姓地位高,所从事的职业也高贵,反之亦然,且也是世袭不变的。再次,各种姓在宗教活动和法律上有着严格的等级差别。宗教活动只允许婆罗门、刹帝利、吠舍参加,首陀罗是没有资格参加的,因为它没有公社成员的身份。能参加宗教活动的,可以获得第二次生命(宗教生命),属于"再生族";不能参加的,得不到第二次生命,属于"非再生族"。法律规定上的等级差别也很明显。法律保护高级种姓的特权和利益,对低种姓违反法律,则加以严厉的惩处。《乔达摩法经》中规定:"假如首陀罗故意听人(诵读)吠陀,须向他的耳中灌以熔化的锡或蜡;假如他诵读吠陀原文,须割去他的舌头;假如他记忆吠陀原文经文,须将其身体劈成两半。"[①]《摩奴法典》规定:"出生低贱的人无论用哪个肢体打击出身高尚的人,这一肢体因被切断。举手或举棍打击出身高尚的人,应割断其手;如动怒而以脚踢者,应割断其脚。"若低种姓的人杀死婆罗门,则要处以死刑。但是,婆罗门和刹帝利如果杀死了首陀罗,不会受到法律严厉的制裁。最后,各种姓实行内婚制,相互之间绝不通婚,以确保高种姓的血统纯正。如果不同种姓的男女通婚,所生的子女被视为"贱民",或叫不可接触者。贱民地位极其低下,它不在四种姓之列,处于社会的最底层,深受歧视和压迫。总之,四大种姓等级森严,它们之间的社会交往包括通婚都有着严格的限制,绝不能有任何的逾越。否则,要受到严厉的惩处。

总之,在印度,种姓制始终在社会上占据着非常重要的地位,并深入到社会生活的方方面面。种姓制把人们分为三六九

① 转引自林志纯.世界上古史纲(上册).天津:天津教育出版社,2007:271.

等，每一等级的人之间是互不往来，各自从事规定好的工作，绝不能有任何违背种姓制的举动。如有违反，将被处以严厉的惩罚。种姓制这种严格的限制和严厉的惩罚，确保了印度不平等社会能有效地维持下去。需要说的是，这种血缘关系决定一切阶层几乎不流动的等级社会，我把它称之为典型的基于血缘的无竞争性社会。类似的，在阿拉伯地区和中世纪欧洲，血缘等级制也和印度一样构成了专制统治的重要骨架。

古代中国大一统时间远多于分裂时间，专制王权异常强大，它没有产生像印度种姓制那样一以贯之、恒久稳定的等级制。中国的等级制为宗法等级制。这种宗法制源于原始社会末期父家长制，形成于商代，到周代已臻完善。周代宗法制主要有以下特点：首先，嫡长子继承制。周代实行严格的嫡长子继承制，由嫡长子世袭王位。如嫡妻无子，则级别最高庶妻之子承继王位。这在诸侯、卿大夫亦如此。其次，分封制。分封是建立在大宗、小宗之上的。按照嫡庶在宗族内部区分大宗、小宗。周王自称天子，由嫡长子继承，被称为天下的大宗，也是天下的共主。余子则被分封为诸侯，他们相对于天子是小宗，在自己的封国内又是大宗。诸侯余子则为卿大夫，在本家是大宗，对诸侯则是小宗。卿大夫余子则为士，对卿大夫是小宗。于是，根据诸侯到士的等级，依次分封，获得相应的土地和民众。同时，他们对天子负有相应的义务。需要说的是，宗法制也适用于异姓贵族。再次，严格的宗庙祭祀制度。宗法制由于尊卑等级关系建立在血缘关系上，因而，十分强调尊祖敬宗。宗庙祭祀制度也就成为实现这一目的的最好方式。据《礼记·王制》载："天子七庙，三昭三穆，与大祖之庙而七。诸侯五庙，二昭二穆,与大祖之庙而五。大夫三庙,一昭一穆,与大祖之庙而三。士一庙。庶人祭于寝。"总之,周代宗法制通过血缘的远近亲疏来区分高低贵贱,确立尊卑等级关系,实现了血缘纽带和社会政治等级的一体化,即家、国合二为一,确保了社会的稳定均衡。

但是,到了春秋战国,特别是秦汉一统,君主专制的中央集权制和郡县制取代了宗族分封制,严格意义上的周代宗法制解体了。也就是说秦以后,作为国家安排的血缘等级制度不存在了。但是,专制主义中央集权并没有对宗法制彻底地加以排斥和摒弃,而是继续允许宗法制存在于其统治中,不断吸收其对维护上下尊卑关系有用的因素,使得宗法等级观念深入人心,亲疏尊卑的不平等关系普遍存于后世。这主要表现为:

第一,东汉后兴起的门阀制度通过血缘宗法来维护尊卑等级关系。门阀制度是由大姓豪族组成的宗族组织,它以血统家世决定社会地位,区分尊卑等级。这些门阀豪族还操控国家政权、选任官吏之事,形成了"上品无寒门,下品无世族"的森严的等级制度。也就是说,在门阀制度下,血缘和社会政治等级还是有相当大的关联度,是一种不完全的宗法等级制。不过,由于大规模农民战争,特别是对专制王权的威胁,门阀制度受到了专制王权的打击,在隋唐后就逐渐衰落了。

第二,北宋后兴起的宗族制也是利用宗法来维护社会最底层的尊卑关系。这种宗族制主要表现为宗族共同体,是以村社为单位的同姓血缘联结而成的。它以族权为核心,以家谱、族规、祠堂和族田为手段,构成了社会最底层的权力组织。在这里,尊卑关系也是非常严格的。族长和族内的其他尊长作为族内公认的贤德长者，对卑幼者而言具有至高无上的权威，要绝对服从他们。若有违反族规家法者，必受严惩。族长还替君权宣扬宗法伦理，维护君父至高无上的权威。由于这些宗族势力不大，不能和专制王权匹敌，而且，它还大力宣扬尊奉君父的思想，因此，宗族制得到了专制王权的支持。到明清后，宗族共同体已经遍及帝国的每个角落。由此我们可以说，君父为大、亲疏有别、尊卑有序的等级关系遍及古代中国的各个角落。

不过，很明显，古代中国不是一个以纯血缘等级连接而成的社会，相反，它在很大程度上鼓励流动。为此，引入了竞争机制，特别是大一统帝国实行文官制后，在官员的选拔上尊崇“贤贤”的原则，而不是“亲亲”的原则。这种流动一定程度上打破了血缘等级关系，不过，要指出的是，这种流动不是游离于专制王权统治之外的，而是受控于专制王权，服务于专制王权。说到底，中华帝国之所以推动社会阶层的流动，关键还在于它对专制王权统治有利。需要指出的是，因有竞争，可以说古代中国是一个竞争型的社会，只不过，这种竞争还是在皇位血缘继承以及普遍宗法关系上的竞争，还很有限，即为基于血缘关系的不完全竞争性社会。

帝国官员选拔上的“贤贤”原则主要通过两种方式来加以落实，或者说社会阶层的流动主要通过两种方式来完成：一种是荐举的方式，一种是科举的方式，后一种逐渐成为主流的选拔方式。由于受多方面因素的影响，帝国前期阶段主要采用荐举的方式，包括汉代的察举制、征辟制和魏晋南北朝的九品中正制。察举制、征辟制主要是由帝国高级官员举荐或征聘优秀士人充任官吏；九品中正制是朝廷选择品行好、见识高的官员兼任一方“中正”官，考察和评定其管辖地区士人的品学，那些评定为品学好的士人就能得到朝廷的录用。虽然这种荐举的方式也选拔了一些优秀士人担任官员，造成社会一定的流动，但是，由于受荐举人的好恶以及门第等级观念的影响，荐举方式的缺陷日渐明显：一方面导致举荐的失真性大增，所举之人往往名不副实；另一方面越来越注重门第，而非才学，结果使得荐举的范围不断缩小，只限于士族，流动性也日涸，断送了寒门知识分子向上流动的可能性。

荐举方式的不足，加之造纸术和印刷术的普及流行，到了帝国后期阶段，科举方式日渐成为官吏选拔的主要方式。科举从宋代始，考试内容改为强调忠孝的儒家典籍。到了明清，考试内容更是限于《四书》《五经》，并且，一律采用八股文的形式，以此钳制士人的思想。此外，科举从宋代始，确立了皇帝亲自主持考试的殿试制度。自此，考生成为天子的“门生”，只能向皇帝感恩戴德，而不再“恩出私门，不复有人主”（《续资治通鉴长编》卷 16）。这些措施的实施，保证了选拔上来的知识分子不会成为帝国的异己分子，也使得选拔上来的知识分子只为君主一人服务，进一步巩固了专制主义的不平等统治。科举方式以儒家经籍为考试内容，使考试有了比较客观的标准，比荐举方式相对公平；同时，它不论出身、地位和家产，几乎是面向整个社会开放，能够广泛地从社会各阶层中选拔人才，推动了社会阶层较大规模的流动，而且，向上流动的幅度很大，除皇帝之外的任一职位都有可能。据统计，宋代每次应试的举子高达 40 万人。相应的科举取士的人数大幅度增加，据统计，两宋共取进士 115427 人，每年取士的人数是唐的 5 倍，元的 31 倍。而且,进士出身的人升入官僚高层的机会更多,尤其排名靠前的进士晋升速度更快。宋代的宰相和副宰相,绝大部分都是进士出身,比例高达十之八九。[①]《宋史·宰辅表》记载,宋代 133 名宰相中,科举出身的有 123 名。另据孙国栋的统计,北宋见于《宋史》的官员有 46.1%来自寒族,南宋的比例更高。再据何炳棣的研究,明清两代的进士有 42.3%来自寒族。[②] 科举选拔官吏一方面在一定程度防止了官僚队伍的贵族化,确保了官僚队伍具有一定程度的活力,使得文官制能够长久地生存下去,从而保证了帝国的长久生存。同时,进入帝国官僚系统的有大批是来自社会中下层的"寒士"。这些"寒士"一般比较了解民间的疾苦,为官后能够关心百姓的疾苦,并且,自身也比较清廉公正,树立了帝国良好的形象,进一步巩固了专制主义的不平等统治。

专制主义实行思想一元化,并严控臣民的思想。也即,专制主义只允许在自己的统治范围内存在一个思想,臣民只能接受这一个思想,不允许与之对立和有偏差的其他思想观念的存在,也不允许臣民信奉别的思想。专制主义之所以这么做,是因为思想多元化就可能形成多个统治中心,而且臣民接受"异端"思想,就会离心离德,对君权构成威胁和挑战,不利于社会的均衡稳定。而实行思想一元化,并严控臣民的思想,则会使社会各阶层接受同一思想的教化,循规蹈矩,不越雷池一步,确保社会秩序的稳定,有助于强化专制主义统治。并且,这一元

① 张念一.宋代科举制度的特点.芜湖职业技术学院学报,2007(2).

② 转引自顾伟列.中国文化通论.上海:华东师范大学出版社,2005:71.

化的思想鼓吹不平等是正常的，要顺从君权，安分守己做一个顺民。说到底，这还是矮化臣民的一种表现，让臣民没有自己的思想，满足于统治思想的教化，最终匍匐于专制主义的脚下。

在古代中国，自夏商周以来，一直就有一元化的、占统治地位的思想。在夏商周，由于官有书、民无书，思想文化为天子朝廷所掌握，民众基本没有进行思想的权利，可以说思想文化是高度统一的。这种统一的思想文化主要表现为礼乐思想。到了春秋战国时，周王衰而礼乐坏，一统的思想文化局面被打破，出现了百家争鸣的局面。不过，这种局面只是暂时的。随着秦一统天下，这种局面很快就消失了。秦始皇将思想一统于法家，“焚书坑儒”，对其他诸家思想进行压制、打击和迫害，不允许它们存在。但是，法家思想统治天下很短暂。随着秦帝国早早夭折，它也就失去了帝国正统思想的地位。汉帝国建立之初，确定黄老道家学说为治国的指导思想。但是，黄老道家思想很快就无法适应专制统治需要，被儒家思想取而代之。自此后，儒家学说不仅成为汉帝国的正统思想，也成为此后各帝国的统治思想。

儒学创始于春秋。到了汉代，经过董仲舒的改造，在以“仁”为核心的“三纲五常”的基础上，加入了“君权神授”和大一统的思想，从根本上适应了君主专制的大一统政治局面的需要，使其成为中国专制社会新的统治思想。董仲舒改造后的儒学与先秦儒学、宋明理学相比，虽然在理论形态上有所不同，但是，“仁礼”的思想和“入世”精神这些基本的思想并没有发生改变，始终一以贯之。正是这些儒学思想基核，才使得儒家思想成了帝国的统治思想。

与法家的严刑峻法的暴力统治思想相比，儒学强调“仁礼”的思想。“仁礼”的思想最早由孔子提出，并被后世儒学继承和发展。儒学所谓的“礼”就是“尊尊”，就是“君君、臣臣、父父、子子”（《论语·颜渊》）。也就是要确立起君权至上、尊卑有序的等级秩序。这是一种刚性的冷冰冰的不平等社会秩序，不允许有逾越。要是有所违反，就会受到严厉的惩罚。可见，“礼”有利于贵贱、尊卑、长幼各安其位，起到了稳固不平等社会的作用。但是，如果整个社会只是处于这种刚性秩序的统治，就会引发人与人的紧张，乃至相互间的仇视。于是，儒家就用“仁”来弥补，为冷冰冰的社会注入一丝温情和暖意，来润滑、调节社会，使得不平等社会能长久存在下去。儒家所谓的“仁”就是“孝梯”，所谓“孝弟也者，其为仁之本欤”（《论语·学而》）。也就是说，“仁”就是对父母尽孝，对兄长顺从，并且，这种孝敬和顺从是无条件的，不能有丝毫忤逆。换句话说，就是要注重人与人之间的血缘亲情，而不是相反。由此形成了父慈子孝、兄友弟恭、敬老爱幼、团结和睦的家庭伦理关系。不仅如此，“仁”要由一己之仁推而扩之为“爱人”，形成“老吾老，以及人之老；幼吾幼，以及人之幼”（《孟子·梁惠王上》）的“天下归仁”的相亲局面。同时，儒家认为对父兄的孝悌还会导致对君上的忠诚，不会去犯上作乱，“其为人也孝弟，而好犯上者，鲜矣；不好犯上，而好作乱者，未之有也。”（《论语·学而》）儒家还主张行“忠恕之道”。“忠”就是尽己之心去帮助人，即“己欲立而立人，己欲达而达人”（《论语·雍也》）。“恕”就是不要把自己不愿意的施加于别人。即“己所不欲，勿施于人”（《论语·颜渊》）。宋儒朱熹在《四书集注》中解释道：“尽己之谓忠，推己之谓恕。”也就是说，以仁爱人时，既要尽心尽力助人，也要设身处地为他人着想，宽恕待人。换句话说，忠恕即为将心比心，推己及人。儒家又提倡“中庸”。所谓“中庸”就是不偏不倚，无过无不及。具体地说，在行仁时，要按照适宜的方式来做，不过激，不走极端。这样，人与人之间就不会有冲突，只会充满仁爱。儒家又主张德治。“政者，正也。子帅以正，孰敢不正?”(《论语·颜渊》)在以仁爱为道德准则的社会，为政者只要加强德性修养，就能用道德感召天下，使全民向善为仁，就会起到法律制裁所不能起到的作用。所谓“为政以德，譬如北辰，居其所而众星拱之”。(《论语·为政》)即以德治理国家能事半功倍，并达于大治。总之，儒家主张以仁为道德原则来协调人与人、统治者和被统治者之间的关系，构建起脉脉温情而又尊卑有序的社会关系，有助于实现国家的长治久安。

与黄老道家的无为思想相比，儒家主张积极进取的“入世”精神。由于儒家强调仁的道德原则，它的入世思想很自然地烙上了浓重的道德色彩。儒家的入世思想就是《大学》所说的“修身、齐家、治国、平天下”，也就是孟子所说的“穷则独善其身，达则兼善天下”(《孟子·尽心上》)。儒家认为，修身齐家治国平天下是一理的。修身齐家是治国平天下的基础，治国平天下又是修身齐家的最终指向。修身是入世的第一步，独处时不能无所作为，要不断完善自己的德行修养，使之达于仁的要求和标准，成为帝国需要的“仁人君子”。身正家齐还只是入世的第一步，更为重要的是，为帝国效力尽忠。也即不能仅满足于个人道德的提高和家庭的和谐完满，而是要在此基础上更进一步，具体地说，就是投身仕途，辅弼君主，为国尽忠，特别是国家政治清明时，更要兼济天下，立事功。此即儒家所谓的“身修而后家齐，家齐而后国治，国治而后天下平”(《大学》)。亦即“内圣外王”。总而言之，儒家主张的积极进取的“入世”精神就是要立德立功立言，为帝国统治贡献自己的才智乃至生命。

总而言之，儒家思想以礼来构建尊卑等级秩序，以仁为道德原则协调人与人的关系，强调“修身、齐家、治国、平天下”。其目的是努力把臣民培养成“仁人君子”和能为帝国效力的人，进而形成忠君爱国、尊卑有序、互谦互爱的无冲突均衡社会，或者说冲突最小化，确保帝国的长治久安。因而，儒家思想就成了帝国统治者能接受并长期奉行的统治思想，而历代统治者也无不以儒学思想教化臣民，以稳固自己的统治。

在中世纪欧洲，基督教会神学思想始终是统治社会的思想。基督教发轫于公元1世纪，公元4世纪后，成为罗马帝国承认的合法宗教，并最终演变为帝国的国教。进入中世纪后，随着西罗马帝国的覆灭，西部统一的政权不复存在，代替它的是日耳曼诸王国。基督教会在此期间逐渐发展成为具有重要影响力的宗教政治势力，并借助于世俗政权的力量，实现了整个西欧的基督教化，成为西欧的精神统治者，也即在意识形态领域确立了自己的统治地位。

基督教神学思想与儒家思想不同，它是一种出世的思想，其主要思想可以用三句话来概括，即“上帝创造世界的世界观，赎罪救灵魂的人生观，博爱的伦理观。”[①]在基督教看来，上帝全知全能，是“最高存在”和“永恒存在”。他创造了整个世界和

① 陈曦文.基督教与中世纪西欧社会.北京:中国青年出版社,1999:244.

人,支配和主宰着世界万物。基督教认为,人类祖先犯下罪恶,其后代也承继了这种罪恶,即“原罪”。既然人生有“原罪”,就要“赎罪”和“灵魂救赎”。救世主耶稣献出了自己的宝贵生命替人们向上帝赎罪,因此,只要笃信耶稣,不分贫富贵贱,都能洗涤自身的罪孽,灵魂都能得救并进入天国。基督教还主张博爱,即要爱上帝和爱人。爱上帝是摆在第一位的,因为上帝是人类和宇宙存在的前提,是一切善的来源。不爱上帝是会受到惩罚的。人类要把上帝对人的良善圣洁慈爱公义之心用于人与人之间,做到互敬互爱、家庭和睦、不贪心;要学会对于外来压迫的忍受,不应有任何怨言。此外,基督教把人分为两类,即上帝的选民和未被上帝选中的。也就是说,人世间的不平等是正常的,是上帝安排的。总之,基督教并不关注现世人生,而是把民众的注意力引向上帝和天国,极力让他们脱离现实世界,让他们鄙视自己,忍受各种奴役和现世的不平等。正是由于此,基督教神学思想成为中世纪欧洲封建贵族统治的有力工具。教会与封建贵族互相勾结,强迫民众接受教会的洗礼,向教徒灌输神学思想。这使得基督教神学思想很自然地成为欧洲占统治地位的思想。

不仅如此,教会对那些敢于怀疑、违背和反对基督教神学思想者给予严厉的惩罚。其中一个严厉的惩罚就是处以“破门律”。所谓“破门律”,是指教会停止有罪教徒参加一切宗教活动,并把他和外界隔绝起来,禁止与人接触,不能给他任何的帮助,使其完全处于孤立无助的境地。如有谁违反这些规定,也会遭受同样的惩处。如果世俗统治者被处以“破门律”,他不在一年之内获得教皇的宽恕,他的臣民都要对他解除效忠宣誓。

可以说，处以“破门律”是非常痛苦和可怕的。对于那些公然否定神学思想，传播科学与革命思想的，教会就会对其扣上“异端”的罪名，送交宗教法庭审判，甚至判以火刑。像这一时期难以计数的被监禁、烧死的自然科学家就是最好的说明。由此可见，基督教利用一切手段，包括残酷镇压，来确保其神学思想的统治地位，维护教会和封建统治。

综上所述，国家的产生和合法暴力的使用使专制王权有了建构不平等均衡统治体系的强有力的力量，并且，它通过权力高度不对称的配置、依托天然血缘关系划分阶层和控制臣民的思想等一系列方式方法完成了强不平等均衡统治体系的构建。需要说的是，这种集权静态均衡统治体系稳则稳矣，但它高度强调人的不平等性，导致活力和创造力的缺乏，或者说缺失了人的精神，贬抑了人的价值，丧失了人的理性追求和创造能力。

最后要说的是古代社会的一种特殊的均衡统治体系，即希腊罗马的多数人统治体系。这里我主要以雅典城邦为例加以说明。

与专制王权的一人统治不同，雅典城邦实行民主政治。这种民主政治的本质是多数人统治的原则与法律面前人人平等的原则，即伯利克里在葬礼演说中所说的“政权是在全体公民手中，而不是在少数人手中”、“每个人在法律上都是平等的”。[①] 雅典民主制主要表现为：①全体公民都是统治者，集体掌握国家最高权力。国家的最高权力机构为公民大会，具有立法、行政、司法等多重功能。任何决议一经公民大会通过即具有法律

① 修昔底德.伯罗奔尼撒战争史.北京：商务印书馆，1960：147.

效力,必须遵照执行。五百人议事会是公民大会的常设机构,也是国家最高的行政机关。它负责为公民大会准备议案,执行公民大会的决议。②雅典城邦实行直接民主制。在雅典,凡年满20岁的男性公民不受出身门第和财产的限制,都有参加公民大会的权利,都有选举权和被选举权,都有获得担任行政官员、议事会议员和法庭审判官的机会,都有权监督政府。雅典城邦公职人员都是通过举手或是抽签的方式选举产生的。其中,执政官、一般行政官员、议事议员和陪审员由抽签(或拈阄)产生,任期一年,不得连选连任;十将军委员会用举手选举办法产生,每年改选一次,可连选连任。③雅典城邦尊崇法治,法律面前一律平等,任何人都没有超越法律的特权,任何人违法都将受到法律的制裁。

思想自由是雅典城邦不同于专制统治的又一特征,也是希腊文明的特点。这是繁荣的工商业和高度发达的民主政治制度所造就的。繁荣的工商业为思想自由或者说为人们从事科学文化活动提供了物质保障,而民主政治尊重公民的独立人格和个性,使人们摆脱了专制君主的束缚和专制主义思想的禁锢,为思想自由提供了良好的外部环境。希腊城邦的思想自由是古代世界最早,也是最具生命力的思想自由。现代美国史学家伊迪丝·汉弥尔顿高度肯定了古希腊的思想自由,说"世界第一次有了思想自由"。[①] 德国历史哲学家卡尔·雅斯贝斯也指出:"希腊城邦奠定了西方所有自由的意识、自由的思想和自

① (美)伊迪丝·汉密尔顿.希腊方式——通向西方文明的源流.杭州:浙江人民出版社,1988:25.

由的现实的基础。”[①]其中雅典城邦则是希腊城邦思想自由的代表和方向。在雅典,只要“不渎神”,不违法,对一切自然和社会现象都可以进行自由、大胆的探讨,没有任何形式的思想束缚,也没有任何思想禁区,即有充分的思想自由、言论自由和创造自由。因此,黑格尔说:“雅典那时有一种活泼的自由,以及在礼节、风俗和精神、文化上活泼的平等;……在不违背这种平等和在这种自由的范围以内,一切性格和才能上的不同以及一切特质上的参差,都取得最无拘束的发展,都在它的环境里取得最丰富的刺激来发扬光大。”[②]正是有了这种思想自由,激发了雅典人的求知精神和创造精神,并创造出自己灿烂的文明,使自己成为西方文明的源头。

总之,这种民主统治体系在保障社会均衡方面具有先天的优势,也在保障社会均衡方面发挥了重要作用。需要说的是,以雅典城邦为代表的多数人统治体系和君主专制统治体系有个共同之处,即都是以权力压制被统治者,只不过,前者为多数人的暴政,后者为一人的暴政。雅典民主制实行多数决定的原则,却不对少数人的权利加以保障,反而,利用权力压制、打击少数人的意见。结果这种民主制就沦为多数人的暴政,在实践中造成了许多冤假错案,也导致公民的言论和信仰自由得不到保障。最臭名昭著的就是以“慢神”和“蛊惑青年”罪指控并被判处苏格拉底死刑。可以说,雅典民主是一种集权式的民主,不同于后世的分权式民主。说到底,它也是一种集权统治体

① (德)卡尔·雅斯贝斯.历史的起源与目标 北京·华夏出版社,1989:74.

② (德)黑格尔.历史哲学.上海:上海书店出版社,2001:258.

系。其次,奴隶和外邦人不享有公民权,深受雅典人的剥削和压迫,是典型的不平等体系。还需要说的是,这种多数人统治体系仅在希腊罗马地区昙花一现就灭亡了,并没有成为古代世界主流的维持均衡的形式。

三、弱不平等状态下的分权国家体系

当商业贸易初步把全世界连接为一个整体后,一种新的均衡统治体系开始出现了。这种新出现的均衡统治体系完全不同于古代社会的集权均衡统治体系,它最基本也是最根本的特点是:国家的一切权力属于人民,而不是属于君主一人,国家权力由议会代为行使,总统和议员都有一定的任期限制,不能世袭罔替;为防止专制和暴政,实行分权统治形式;实行法治,法律面前人人平等;人权和公民的基本权利得到法律保护。由于在这种新的均衡统治体系中,血缘关系不再发挥任何的作用。议员和总统都不是按血缘世袭罔替的,都要经过选举才有可能当选;社会阶层的流动比较充分,再也不存在按血缘划分的等级。也即血缘等级和世袭制已不存在,社会的平等性大增,或者可以说已经人人基本平等了。故而,我把它称之为弱不平等状态下的分权均衡统治体系。也因为此,这种新的均衡统治体系是一种动态均衡,充满流动性的均衡,表现出弹性特征。

分权均衡统治体系的第一个特点是实行民主的统治形式。由于国家权力不是神授,而是来自于人民,并且一切权力属于人民,因而,民主成为最佳的统治形式,也成为维持均衡最好的方式。因为,民主使得人民与统治者之间可以达成一份协议:

如果统治者造福于人民，人民赋予它权力；如果统治者肆意暴虐人民，人民就可以把它选下台。这份协议使得统治者和人民之间保持一种动态平衡，从而有助于保证人民的权利，保证社会均衡有序。一般地说，民主这种统治形式包括以下三个方面的内容，即代议制、选举制和政党制的确立。其中，代议制是民主制的象征，选举是民主制的基石，政党制度是民主制的中枢。[①] 最早建立民主统治形式的国家是英美法，虽然此后各国建立的民主政治与它们不尽相同，但基本上和它们的大同小异。因此，这里仅就这三个国家的民主统治形式阐述下。

民主统治形式首先表现为代议制的确立，即把国家权力特别是立法权赋予经选举产生的议会，而不是赋予君主一人。英国是世界上第一个建立代议制的国家。1688 年“光荣革命”后，尤其是《权利法案》和《王位继承法》的实施，确立了“议会至上”的原则。这标志着英国议会成为国家的最高权力机关和唯一的立法机关。在英国代议制下，国王的权力受到了极大的限制。国王虽然有批准议会法案并使其成为正式法律的作用，不过，国王从未行使过否决权。国王的这种权力逐渐流于一种形式，国王更多的只是国家的一种象征。议会凌驾于国王之上，拥有立法、财政、决定王位继承等重大权力。《权利法案》就明确规定：“未经议会批准，国王不得擅自创立或废止法律。”“未经议会批准，国王不得以任何名义征用钱财或物资。”议会分上下两院，上院由贵族担任，下院普选产生。经过长期改革，国家立法权、财政权和监督权完全掌握在下院手里，特别是下院通

① 应克复，金太军，胡传胜. 西方民主史. 北京：中国社会科学出版社，1997：385.

过的财政法案上院不得否认和修改,上院的权力已经变得无足轻重。也即下院权力高于上院。总之,随着把立法和财政这两项国家最重要的权力由国王交给了议会,标志着英国代议制的确立。

美国也是最早确立代议制的国家之一。美国不存在像欧洲大陆那样专制的上层建筑,并深受欧洲民主共和思想和实践的影响,因而,代议制确立较早,也较平稳。1776 年,北美 13 个英属殖民地宣布独立,并建立了邦联国会。邦联国会拥有外交、国防等权力,但得不到 2/3 邦议会的支持,邦联国会就不能行使上述权力。而且,邦联国会不能强制各邦服从其内部决议。也即邦联国会只是一个权力很有限的议事机构。1787 年,各州制定了《联邦宪法》,建立了统一的联邦议会,即美国国会。《联邦宪法》规定"全部立法权均属于由参议院和众议院组成的合众国国会",即国会享有最高立法权。除此之外,还享有财政控制权、监督权、弹劾权等权力。参议院由各州直接选举产生,众议院按各州相等的人口比例选举产生。不过,美国参众两院不同于英国的上下院,它们职责各有侧重,各有一些特别的权限,但总的来说,参议院优势明显。需要说明的是,美国国会与英国议会相比,其权力要小得多。至此,美国的代议制最终确定了下来。

法国也是代议制确立最早的国家之一,不过,由于与专制势力斗争的复杂性,其走过的道路比较曲折。1789 年召开的三级会议是法国现代议会的开端。1791 年法国制定了第一部成文宪法。它规定议会为最高立法机关,采用一院制的形式。最高行政机关作为议会的执行机关,由议会任命。虽然法国代议制确立较早，但由于政局多变，法国代议制的最终确立是在1875年。根据宪法规定，由国民议会和参议院组成的法国议会是国家最高立法机关，皆有权创制法律和修宪，有权监督政府，包括质询、倒阁和弹劾的权力，以及有审批国家预算的权力。其中国民议会由普选产生，参议院由各省的选举团间接选举产生。由于人民主权的观念深入人心，自第三共和国以来，国民议会比参议院享有更大的权力，如财政法案只能由国民议会提出；两院对法案的审议发生分歧时，国民议会拥有最后的裁决权。到了第五共和国之后，政府的权力大大提高，议会的作用明显下降。总之，虽然经过反复选择，但法国最终还是确立了代议制。

民主统治形式的另一个表现是选举制的确立。有代议，就有选举。否则，公共权力的合法性就会受到质疑，权力就有可能不受约束，就无法保证人民与统治者之间的均衡。因而，选举制，特别是普选制的确立与否决定了政府民主性的程度、公共权力合法性的程度以及社会均衡的程度。所谓普选制是指公民不受性别、种族、财产等限制，享有选举权与被选举权。下面我就来介绍一下普选制的确立。

英国是最早实行选举的国家，其选举权的扩大是渐进式的。1689年，英国通过了《权利法案》，它规定议会议员实行“自由选举”。到了1711年，议会对选举人和被选举人资格作了严格的限制，使有选举权的选民只占成年人数的5%。到了1832年，由于工业革命的完成和社会阶级的变化，英国对选举制度进行了重大改革，实施了《英格兰与威尔士人民代表法》。它一方面增加了城市代表名额，另一方面降低了选民财产资格的限制,使中产阶级也获得了选举权,但工人阶级和妇女仍被排斥在选民之外。1867 年,英国又对选举制作了重大的改革,使城市工人获得了选举权。1928 年又制定了男女平等选举法,进一步降低了选民的资格。1948 年修订的《人民代表选举法》废除了复票制,实现了“一人一票,一票一值”;规定凡年满 21 岁的男女公民都享有选举权。1969 年,把选民的年龄降至 18 岁。至此,英国的普选制度才最终得以完善。

法国是最早确立普选权的国家。早在 1789 年大革命之初,法国就宣布并实行了不受财产、种族、性别和教育程度限制的普选权,成为世界上最早宣布实行普选权的国家。但是,1791 年的新宪法却规定,只有“积极公民”,即拥有一定财产和纳税的人,才有选举的资格。这样一限制,法国 2500 万居民只有 430 万人属于“积极公民”,才有选举权。随后,由于共和派和君主派激烈的斗争,普选权也经历了一个扩大和限制、实行和取消的曲折过程,表现出剧烈的波动性。直至 1875 年,法国选举制才基本稳定下来。它确定只要年满 21 岁并且在选区居住 6 个月以上的男子就有选举权,不受财产和教育程度的限制。到 1944 年,又规定男女公民只要年满 21 岁都有选举权。1974 年,又将选举年龄从 21 岁降为 18 岁。总之,最早确立普选权的法国经过近 200 年的发展也完善了自己的选举制。

与欧洲大陆不同,美国不存在旧的阶级势力。因而,资产阶级的政治统治相对稳定,普选权也较早得到了确立。1787 年美国制定联邦宪法时,并没有对全联邦的选举资格作出规定,而是让各州自己制定选举法。这些选举法大多规定,唯有达到一定数量财产的白人男性公民才有选举权。到了 19 世纪 30

年代后，才取消了对选民财产资格的限制，使大多数的白人男性公民获得了选举权。1870 年，美国联邦宪法修正案第 15 条规定：任何人不得因种族、肤色或曾为奴隶而被拒绝或剥夺公民的选举权，黑人也获得了选举权。1920 年，联邦宪法修正案第 19 条又规定妇女和男子有一样的选举权。至此，普选权在美国基本得到确立。1971 年，联邦选举法将选民年龄从 21 岁降为 18 岁，进一步完善了普选制。[①]

民主统治形式的又一个表现是政党制的确立。随着代议制的确立，各个阶层的人们就组织起来，以此争取本阶层的利益以及有效地掌控议会选举和立法权。这种组织化的东西就是政党。世界上第一批近现代意义政党的出现是在 19 世纪，如英国的辉格党和托利党等。随着普选制的确立，政党在欧美国家得到了进一步的发展。由于组建政党受宪法保护，欧美国家的政党数目普遍都在两个以上。这些政党围绕国家政权进行竞争而形成了一定的政党制度。按照实际执掌国家政权的政党数目来分，政党制度分为以下三种：一党制、两党制和多党制。西方国家的政党制以两党制和多党制为典型。下面就具体说说两党制和多党制。

两党制是西方国家比较普遍的政党制度，其主要特点是：一个国家存在两个在国家政治生活中长期居于统治地位的政见不一的政党，其他政党无法与之竞争，并通过选举获得议会多数席位或赢得总统之位，以此实现轮流执政。目前，英国、美国、加拿大、澳大利亚等国是实行两党制的国家。其中，以英美

① 应克复，金太军，胡传胜. 西方民主史. 北京：中国社会科学出版社，1997：372—374.

两国的两党制最为典型。

英国是最早确立两党制的国家。自政党产生以来，英国就一直是两党轮流执政，并大体经历了三个阶段。第一阶段从17世纪70年代至19世纪30年代，为辉格党和托利党轮流执政时期。辉格党代表资产阶级和新兴贵族的利益，主张限制王权，提高议会权力。托利党代表地主贵族利益，主张维护王权。1688年“光荣革命”后，两党逐渐形成了轮流执政的宪法惯例。辉格党在1694年首开组成一派内阁的先河。1783—1830年，托利党执掌政权近百年。这一时期为两党制的萌芽期。第二阶段从19世纪30年代至20世纪初，为保守党和自由党轮流执政时期。工业革命后，英国统治阶级内部的关系发生了变化，原先的托利党演变为保守党，而辉格党则演变为自由党。经过多次选举改革，两党发展成为全国性的政党。这是两党制形成的重要标志。保守党或自由党通过选举获得下院多数席位，即成为执政党，获得组阁执政权。下院最大反对党为法定反对党，可建立影子内阁。至此，两党制得到确立和完备。第三阶段从20世纪初至今，为保守党和工党轮流执政时期。由于垄断取代自由竞争成为经济生活的主要行为，鼓吹自由贸易的自由党开始衰落。同时，随着工人阶级的不断壮大，工党崛起。1924年后，工党开始取代自由党，与保守党交替执政，从而确立了现代英国的两党制。

美国是实行两党制的典型国家。其两党轮流执政也经历了三个阶段。第一阶段从1787年至1824年，为联邦党和共和党执政时期。1787年制宪期间，形成了两大政治派别，即联邦党和民主共和党(简称共和党)。前者主张建立一个中央集权政府;后者反对中央集权,主张扩大州政府权力。这一时期,共和党与联邦党轮流执政,互相反对对方执政时的政策。联邦党由于内讧以及亲英立场而导致崩溃,而共和党则占据了美国的政坛。第二阶段从 1828 年至内战前夕,为民主党和辉格党对峙时期。民主共和党主张扩张新土地以及反对工业现代化,在这一时期执政较长时间,并改名为民主党。辉格党主张国会的立法权高于总统的行政权,也曾多次掌权。不过,辉格党由于存在奴隶制是否扩展至新领土之争而导致瓦解。第三阶段从内战结束至 19 世纪末 20 世纪初,为民主党和共和党轮流执政时期。19 世纪 50 年代末,由于在废奴问题上发生分歧,北方反对奴隶制的民主党人、前辉格党党员和奴隶解放运动者共同组成共和党,而南方辉格党人则投靠了民主党,形成了共和党和民主党分庭抗礼的局面。随着内战的结束和垄断的发展,共和党和民主党都得到了发展,再没有发生大的变化,基本稳定了下来。并且,轮流执政的格局也很稳定,1861 年以来的 130 多年里,共和党执政 80 多年,民主党近 50 年。至此,美国两党制最终得到确立。

多党制也是西方国家普遍实行的政党制度,主要表现为:多党并存,并且,无一政党在选举中获得绝对多数议席而单独执政,需要两个以上的政党组成政党联盟才能够组成联合组阁,获得执政地位。目前,实行多党制的国家主要有:法国、德国、芬兰等西欧和北欧国家。这些实行多党制的国家可分为两类:一类是两个主要政党虽占有一定优势,但无力单独组阁,需要联合第三党才能上台执政。如德国基民盟——基社盟和社民党在议会中占有优势,但达不到议会多数。它们通过和自民党联合,达到联合执政的条件,并形成了多党联合轮流执政的格局。20 世纪 80 年代后,产生了绿党,并成为议院第四大党,但没有撼动原有的政党格局。另一类是没有一个政党在议会中占有优势,它们由于利害相关而结成不同的联盟,以此实现共同执政,呈现出多党两极趋势。如法国是最早建立多党制的国家。法兰西第三共和国建立后,就逐步形成了多党制,党派多达 200 多个。第四共和国期间,较大的政党有 10 多个,如社会党、共产党等。由于党派林立,无法单独组阁,多党联合执政往往由于意见一有分歧就宣告破裂,导致政府频繁更换,政局动荡。第五共和国建立后,鉴于党派林立、软弱多变的危害性,建立了政党较少且党派格局比较稳定的新政党制度。1974 年,法国四大政党两极化的新政党制度开始形成,即保卫共和联盟和法国民主联盟组成的右翼力量为一极,社会党和共产党组成的左翼力量为另一极。至此,法国政局开始被两大政党联盟所掌控,其他小党无缘置喙。1974 年,右翼执政。到了 1981 年,左翼执政。1995 年,右翼又执政。目前,法国仍然是四大政党、两大派别抗衡的党派格局。

分权均衡统治体系的第二个特点是,为防止专制和暴政,确保国家各部分的权力均衡配置,分权体制取代了集权体制,表现为:实行三权分立,即把国家权力一分为三,分为立法权、行政权和司法权,并交由国家最高立法、行政和司法机关,既相互独立又相互制约地行使。下面还是以美英法三国为典型对三权分立加以说明之。

美国是个典型的三权分立的国家。美国不仅最早把“三权分立”的原则写入宪法,而且率先把它应用于治国实践中,形成了一套严密的权力制约制度，对世界大多数国家的政治发展产生了重要影响。在美国，立法权属于国会，即参议院和众议院；行政权由总统掌握；司法权属于联邦最高法院及低级法院。同时，“根据宪法和惯例，凡在合众国政府供职的人员，不得为国会议员，行政部门的人员不得向国会提出议案，不能出席国会会议。法官受理案件不受立法和行政的干扰，法官终身任职，行政部门对法官虽有任免，但无罢免权，立法部门对法官虽有同意与否决的权力，但非因法官犯罪并依法定程序弹劾外，也无罢免权。”[①]可见，三权分立原则非常明确。

在权力制衡方面，表现为立法权、行政权和司法权的相互制约上。①立法权对其他两权的制约。立法权对行政权的制衡，即国会对总统的制约，宪法规定：“国会有权要求总统条陈政策以备审议；有权建议、批准总统对其所属行政官员的任命，有权批准总统对外缔结的条约，有权通过弹劾案撤换总统。”立法权对司法权的制衡，宪法规定：“参议院对弹劾案有审判权，国会有宣告惩治叛国罪之权，有建议、批准总统对联邦最高法院法官任命之权，有弹劾审判联邦最高法院法官并撤销其职务之权。”②行政权对其他两权的制约。行政权对立法权的制衡，宪法规定：“总统对国会通过的法案享有否决权以及搁置权，副总统兼任参议院议长。”行政权对司法权力的制衡，体现在：“总统有特赦权，有提名并任命最高法院法官之权。”③“美国宪法规定了联邦最高法院对总统的制约，总统因弹劾案受审时联邦最高法院法官担任审判庭主席。此外，根据美国宪法惯例，联

① 田穗生，高秉雄，吴卫生等. 中外代议制度比较. 北京：商务印书馆，2000：153.

邦最高法院有权解释法律,宣布国会通过的法律违宪无效。[①]

英国是最早运用权力制衡原则的国家。它先是就议会和政府的权力进行了划分和制衡,18世纪又承认司法部门的独立。由于英国是个君主立宪制的国家,英王没有行政实权,只是个象征性的国家元首。议会是最高国家权力机关,拥有制定和修改法律的权力。这些权力又都集中于下院,上院基本没有任何实权。不过,上院对下院通过的议案有所谓的“延搁权”。尤其是当下院即将届满的最后一年内,这种延搁实际上就是一种否决。由于英国实行的是议会内阁制,内阁由下议院多数党组成,并且其成员必须是议员;内阁首相一职由多数党领袖担任,行使行政权;内阁对议会负连带责任,此即责任内阁制。“根据责任内阁制的原则,内阁必须得到议会的信任和支持,如果议会拒绝通过政府有关重要政策的议案、财政案,或通过了对内阁的‘不信任案’,则内阁就应集体辞职;如果内阁拒绝辞职,则应提请英王下令解散议会下院,接着进行提前大选。”[②]这样,就形成了立法权与行政权之间的相互制衡。此外,司法权也对行政权形成制约,即法院等司法机关有权处理行政机关或行政官员违法、失职等行为。英国的分权制衡方式在一些君主立宪制国家得到了实行,如日本,同样在一些议会共和制国家也得到了实行,如德国。因为议会共和制国家的总统一般不掌握实权,也只是名义上的国家元首,这和君主立宪制下的君主一样。两者的区别是,总统是选举产生的,而君主是世袭的。

---

① 田穗生,高秉雄,吴卫生等.中外代议制度比较.北京:商务印书馆,2000:153.

② 同上,第155页.

法国的三权分立和英国一样不规则。法兰西第五共和国建立前也实行议会共和制,政治权力的中心在议会,行政权和司法权受议会权力的限制。第五共和国建立后,加强了总统的权力,削弱了议会的权力,使权力分立与制衡表现出新的和英美不同的特点,主要为:国民议会和参议院共同行使立法权、预算审批权和监督政府权。也就是说,议会除立法权外,还拥有对政府的质询权、弹劾权、财政监督权等。但是,议会行使这些权力是有限制的。立法方面,法国议会只能在宪法所列举的事项内进行立法,法律范围以外的其他事项由政府立法。财政审批上,政府在70天内未接到议会两院对财政法案的答复,则可以以法令的形式加以颁布实施。议会弹劾权受宪法的严格规定而难以行使。同时,总统不仅是国家元首,而且事实上也掌握着国家的最高行政权。“他不仅有权任命并领导政府,而且还有权在法定的期限之内要求议会重新审议其最后通过的法案,议会不得拒绝;有权就一切涉及公共权力组织的法律草案提交公民复决;有权以命令宣布议会特别会议的召开和闭会。”[①]在司法方面,总统保证司法独立,担任最高司法委员会主席,享有赦免权。最高司法委员会副主席由司法部长担任。特别高等法院有权审理总统和政府成员的叛国罪以及危害国家罪。

分权均衡统治体系的第三个特点是实行法治,即依法治国。法治国家的一个最根本表现是依法立国,即依宪法立国。法治国家首先必须有法可依,最基本的是制定宪法。因为宪法

① 田穗生,高秉雄,吴卫生等.中外代议制度比较.北京:商务印书馆,2000:154.

是国家的根本大法,“法律的法律”,是对国家和社会基本制度、公民基本权利和义务的规定。只有当一个国家把宪法视为立国的依据,才可以说这个国家是个法治国家。君主专制国家之所以不是法治国家,是因为它没有作为根本大法的宪法,而君主凌驾于法律之上,且不是受限于法律。随着资产阶级革命在欧美各国取得胜利,这些国家开始纷纷制定宪法,把它作为立国之依据。仅 19 世纪,就制定和修改了不下 300 部的宪法。这其中英美法三国是制定宪法最早的国家,其制宪行为和制定的宪法为其他国家所效仿,堪称依法立国的典型。

英国最早制定近代宪法,也是依法立国最早的国家。英国制宪有个显著特点,就是没有制定出一部较系统、完整的成文宪法,而是由一些宪法性文件组成。早在资产阶级革命之前,英国就已经制定了限制王权的《自由大宪章》,它也成为英国宪法起源的标志。资产阶级革命胜利后,它被确认为英国的第一个宪法性文件。与此同时,在君主立宪制建立的过程中,又制定了几部宪法性文件,主要有:1679 年的《人身保护法》、1689 年的《权利法案》和 1701 年的《王位继承法》等。它们确立了议会至上原则、分权原则、法治原则等基本立国原则。总之,这些法律文件的确立标志着英国宪法的产生,宣告了依法立国的开始。同时,英国也成为近代制宪和依法立国的先驱,在世界范围内拉开了制宪运动和依法立国的序幕。目前英国的宪法仍由成文法和不成文法混合而成,包括大宪章、成文法、判例法和习惯法等。

美国是世界上最早制定成文宪法的国家。1787 年,美国举行制宪会议并通过了世界历史上的第一部成文宪法——《美利坚合众国宪法》。这是美国宪法与英国宪法最大的不同之处。美国联邦宪法包括序言和 7 条正文,在内容上规定了建国的重要原则:人民主权;代议制政府;三权分立与制衡;法治原则;联邦主义;等等。1789 年,受法国《人权宣言》影响,美国为其宪法增写了关于公民权利的《权利法案》。此后的两百多年里,美国宪法通过宪法修正案等形式不断进行变化。至今,增加了 27 条宪法修正案。虽然不断增加宪法修正案,但根本的原则——限制政府的权力和保障人民的自由没有发生改变,应该说是比较稳定的。总之,美国宪法内容比较成熟,形式统一完整,为后来许多国家成文宪法的制定提供了成功的典范。

法国也是世界上较早制定宪法的国家。1789 年大革命爆发后,法国就开始了制宪运动,制定了宪法性文件《人权宣言》(全称是《人权和公民权利宣言》)。不过,直到 1791 年,法国才制定了第一部成文宪法,也是欧洲大陆第一部近代成文宪法。这部君主立宪制的宪法以《人权宣言》作为序言,重申了《人权宣言》中的人民主权、权力分立、法治和权利保障等基本政治原则,奠定了法国近代政治制度的基础。与美国制宪不同的是,法国制定和颁布的宪法数量多,内容也不断随形势的改变而作一些变更,呈现出多样化的特点。法国制定第一部宪法后共制定了 13 部宪法,其中 1793 年的宪法是法国第一部共和宪法,虽未能得到实施,但它开法国共和传统的先河;1875 年的第三共和国宪法、1946 年的第四共和国宪法和 1958 年的第五共和国宪法都是确立法国共和制度、保障分权法治的重要的宪法。随着 1958 年宪法的颁布,法国宪法才稳定了下来,直到现在再也没有进行变更。虽然法国制定了较多的宪法,但法国宪法仍有其连续性，特别是宪法的一些原则，如主权在民、公民的基本权利、普选代议制以及共和制等，都一直没有发生改变。因此，近代各国制宪时都要借鉴一下法国的宪法。

法治国家的另一个根本表现是法律面前人人平等。法律面前人人平等是指把法律作为同一尺度适用于全体公民，使全体公民平等地享有权利和履行义务，不因民族、种族、性别、职业、社会出身、教育程度、宗教信仰和财产状况等差别而有所不同，任何人也不得享有特权，或受到特别的不利待遇。1789 年法国《人权宣言》对“法律面前人人平等”作了完整的表述：“全国公民都有权亲身或经由其代表参与法律的制定。法律对所有的人，无论是施行保护或处罚都是一样的。在法律面前，所有的公民都是平等的。故他们都能平等地按其能力担任一切官职、公共职位和职务，除德行和才能上的差别外不得有其他差别。”1791 年和 1958 年法国宪法以及英、美等国的法律对此都有类似的规定。虽然对法律面前人人平等作了明文规定，在实践中也得到了一定程度的贯彻，但还是存在着许多法律面前不平等的现象。到了 20 世纪特别是第二次世界大战后，法律面前人人平等才在比较广泛的领域得到进一步的实现。主要表现在：①公民不分性别、职业、民族、种族、信仰、教育程度和财产状况，均享有选举和被选举权，均享有公民投票权。②随着奴隶制度和种族歧视政策的废除，黑人和少数民族均享有同白种人同样的权利，享有同等的政治权利，同等的劳动权、教育权、休息权、社会保障权等权利。特别是，他们也可以平等地参与竞争政府的公职，担任公共机构的职位和职务，也可以成为政府官员，亦可参与竞选总统、州长、议员，担任政府总理、部长等重要职务。如2009年当选的美国总统奥巴马是美国历史上第一位具有黑人血统的总统,这说明各种族在法律上的平等在美国已经有了极大的发展。这破除了血缘关系在阶层流动上的束缚,使血缘纽带在社会中已没有有作用,从而进入到一个不基于血缘的完全竞争、机会均等的社会。③包括总统在内的任何一个政府官员,凡触犯宪法和法律皆绳之以法,受到宪法和法律的追究(司法部门或议会)。最典型的是美国的"水门事件",尼克松因慑于国会弹劾而辞去总统一职,这是"法律面前人人平等"在美国社会得到贯彻的表现。④法律面前人人平等最重要的是司法平等,即普通公民与政府官员的利益受到同等的法律保护,并同等地依法治罪。因为为官者不但有违法乱纪和侵犯公民权利的便利,还可以种种条件来逃避司法机关的惩处。因此,西方国家专门设有行政司法监督和公民对行政机构进行司法监督的制度,使政府官员受到更严格的法律约束,从而保障"法律面前人人平等"。[①]

法治国家的最后一个表现是司法独立。司法独立是指司法机关依法独立行使司法权,不受任何行政机关、社会团体或个人的干涉。司法独立的原则最早由18世纪法国启蒙思想家孟德斯鸠提出。他在其《论法的精神》中指出:"如果司法权不同立法权和行政权分立,自由也就不存在了。如果司法权同立法权合而为一,则将对公民的生命和自由施行专断的权力,因为法官就是立法者。如果司法权同行政权合而为一,法官便将

① 应克复,金太军,胡传胜.西方民主史.北京:中国社会科学出版社,1997:433—435.

握有压迫者的力量。”[1]英美法资产阶级革命胜利后，司法独立原则得到了这些国家宪法普遍确认。美国宪法第3条第一款规定：“合众国的司法权属于最高法院以及由国会随时下令设立的下级法院。”法国1791年宪法第5章第1条规定：“在任何情况下，司法权不得由立法议会或国王行使之。”德国基本法第92条规定：“司法权委托法官行使。联邦宪法法院和本基本法所规定的各联邦法院和各州法院行使司法权。”日本宪法第76条第1款规定：“一切司法权属于最高法院及由法律规定设置的下级法院。”目前，在世界142部宪法中，有105部宪法明确规定司法部门、法院或法官是独立的，[2]而那些无明文规定的国家，也大多在司法实践中做到独立审判。1985年，联合国通过了《关于司法机关独立的基本原则》，使司法独立成为法治国家的一项基本原则。总之，司法独立在世界各国都得到了有力的保障，这是法治国家的标志之一，也有力地维护了社会的平等。

分权均衡统治体系的第四个特点是人权和公民的基本权利开始得到确立，并予以法律保障。这是必然的，因为由于权力来自人民，属于人民，必然要保障人权和公民的基本权利。下面就以英法美三国为例来说说它们对人权和公民基本权利的保障。

英国是世界上最早对人权加以保障的国家。早在资产阶级革命前，英国就已经进行人权立法。《自由大宪章》是其人权立法的开端，它由一个序言和63个条款组成，其主要法律原则

---

① (法)孟德斯鸠.论法的精神(上册).北京：商务印书馆，1961：156.

② (荷)亨利·范·马尔赛文，格尔·范·德·唐.成文宪法的比较研究.北京：华夏出版社，1987：75.

是"王权有限,法律至上"和保护公民权利。如第12条规定:"朕除下列三项税金外,不得征收代役税或贡金,但全国公意所许可者,不在此限。"第39条规定:"任何自由人,如未经其同级贵族之依法裁判,或经国法判决,皆不得被逮捕、监禁、没收财产、剥夺法律保护权、流放,或加以任何其他损害。"资产阶级革命胜利后,大宪章被确认为英国的第一个宪法性文件,它虽经多次修改,但一些基本原则仍被保留了下来。同时,这一时期英国还制定颁布了《人身保护法》、《权利法案》和《王位继承法》。其中《权利法案》是英国关于个人自由权利最重要的一部法律,由13个条款组成。它进一步限制了王权,保障了公民的权利。如它规定,未经议会同意,国王擅自颁布法律或废除法律,征收和支配税收,皆为非法;向国王请愿,乃臣民之权利,一切对此项请愿之判罪或控告,皆为非法;不应要求过多的保释金,亦不应强课过分之罚款,更不应滥施残酷非常之刑罚;定罪前,特定人的一切让与及对罚金与没收财产所做的一切承诺,皆属非法而无效。

法国是人权的发源地。1789年,大革命之初,法国就通过并公布了世界上第一部以"人权"二字命名的宪法性文件——《人权宣言》。顾名思义,人权是其主要的内容。《人权宣言》强调了自然天赋、人人平等,具有不可剥夺的人权。它在序言中指出了人权的重要意义:"不知人权、忽视人权或轻蔑人权,是造成公众不幸和政府腐败的唯一原因,所以,决定把自然的,不可剥夺的和神圣的人权阐明于庄严的宣言之中。"在接下来的17个条文中,有如下几条直接规定了对人权的保障:"人们生来并且始终是自由的,在权利上是平等的"(第1条),"一切政治结合的目的都在于保存自然的、不可消灭的人权,这些权利是自由、财产权、安全和反抗压迫"(第2条)。"自由交流思想和意见是最尊贵的人权之一,除了在法律规定的情况下滥用自由应负责外,都可以自由地发表言论、写作和出版"(第11条)。"除非在法律规定的情况下并且依照法律已经规定的程序之外,任何人都不受控告、逮捕或者拘留"(第7条)。"财产权是不可侵犯的、神圣的权利"(第17条)。"《人权宣言》的发表,是法国乃至欧洲历史上的一件大事,它对法国乃至世界的人权、公民权、权力分立等观念和法治的发展都具有重大的影响。"[①]

美国也是最早主张人权的国家之一。1776年通过的《独立宣言》就高扬"天赋人权"的大旗,它指出:"人人生而平等;他们为造物主赋有某些不可让渡的权利,其中包括生命、自由和追求幸福的权利;为了保障这些权利,政府便在人民中间成立起来,由被统治者同意而取得正当的权力;任何政府形式一旦变得有害于这些权利,人民就有权以改变或废除而另设新政府,把新政府的基础放在他们认为最能促进自己的安全和幸福的原则上,并按照符合这一目的的形式组织新幸福的权力。"[②]《独立宣言》是美国人权发展史上一座史无前例的丰碑,最大限度地体现了美国人权主张中的革命性因素。1791年,国会通过了宪法前10条修正案,即《权利法案》,规定了公民的基本权利。其主要内容是:国会不得制定法律确立国教或禁止信教自由,无权通过限制公民言论、出版、和平集会和向政府请愿自由的

① 南京大学法学院《人权法学》教材编写组.人权法学.北京:科学出版社,2005:40.

② 资产阶级政治家关于人权、自由、平等、博爱言论选录.北京:世界知识出版社,1963:301.

法律。公民拥有人身、住宅、文件和财产不受无理搜查和扣押的权利。无论何人不得因同一犯罪行为而两次遭受生命或身体的危害，不得在任何刑事案件中被迫自证其罪；不经正当法律程序，不得被剥夺生命、自由和财产。未经公平的赔偿，私有财产不得收为公有。宪法未授予合众国也未禁止各州行使的权力，由各州和人民自己保留。

自英国的《自由大宪章》、《权利法案》始，经美国《独立宣言》和法国《人权宣言》，到美国的《权利法案》，英美法三国无一不是为了限制国家和政府的权力，并且为人民保留政府不得侵犯的、被称之为人权和基本自由的权利。这些人权归纳起来说，主要有生命权、自由权、平等权、财产权、反抗权和追求幸福的权利。其中，生命权是人权最基本的权利，自由权是人权的核心，平等权是自由权实现的前提条件，财产权则是自由权、平等权赖以建立的物质基础，而反抗权则为人的自由权、平等权、财产权以及其他权利提供了保障。[①] 自此后，世界各国无不效仿英美法三国对人权和公民的基本权利加以保障。

总之，国家权力从属于一人转到属于人民，是个根本性的变革。虽然国家暴力性质没改变，但权力的转变使得构建均衡统治体系的方式发生了重大改变，即从集权均衡统治体系变为分权均衡统治体系，使社会从强不平等状态进入到弱不平等状态，这是人类的一大进步。

---

① 王育宝．人权理论的历史发展．华侨大学学报（哲学社会科学版），1994(2)．

第三章　危机即社会失衡

历史并不总是处在均衡中,均衡只是人类历史的一个有机组成部分,或者说历史的一大特征。历史的另一个有机组成部分或者说另一大特征是危机,即社会失去了均衡。也就是说,历史是由均衡和危机两部分组成的,在均衡和危机交替中向前发展。这就像一个人有健康的时候,也有生病的时候一样,人就在健康与生病中迈步向前。或者还可以这么说,没有危机的历史是残缺不全的历史,是不可信的历史,是缺少动力的历史。有危机,历史才是完整的,才有进步的动力。甚至可以这么说,危机是历史进步之源。

自有了人类社会,危机就已经开始伴随人类了,就像自有人类,疾病就伴随人类一样。正像人类在不同阶段生不同的病和不同人生不同的病一样,处在历史不同阶段的危机的表现形式也是不同的,不同地区的危机也表现不一。也即危机的表现形式多种多样。虽然如此,但它们根本的一点是相同的,即社会失去了均衡,原有的平衡状态无法保持,或平衡状态发生较大的改变，从而对共同体造成了较大的破坏，或对社会产生了较大的震荡。

人类最初的社会是原始群，它很小，只有几十个人；也很松散，并不固定于某些人，有时走散一些人也不在意；也很简单，他们一起劳动，共同分享劳动成果，相互之间没有明确的劳动分工和上下之分，没有形成复杂而精密的社会分工；社会关系也很简单，就只存在于人与人之间的性关系，并且这种性关系没有禁忌，完全是动物性的性关系。总之，这是一个非常小的群体，内部力量很少也很微弱的群体。群体里的几十个人为了生存不会内斗，基本上一条心，没有任何异议。可以说内部力量并不对群体生存构成挑战，真正构成威胁的是外部大自然的力量。这些外部力量主要有自然灾害、肆虐的疾病、不稳定的食物来源和在人类四周出没的大大小小的食肉动物等。这些外部力量往往使原始群在一夜之间惨遭灭顶之灾，而且，这种事情应该在人类历史的前几百万年里是经常发生的。弱小的人类还没有应付这种威胁的办法，对待它的方法基本上是听天由命。除此之外，人类还要面对内部混乱的性关系对群体形成的威胁。由于没有性禁忌以及对血缘关系的认识一片空白，结果是原始乱婚行为造成人口繁殖能力和身体素质低下，一个一个原始群就在动物性性关系的交往下灭亡了，或者一个又一个畸形儿诞生了，从而对群体的持续生存构成了严重的威胁。而这就是人类最初要面对的危机，一种由于人类与自然的力量过于悬殊，从而无法取得均衡而导致的危机。特别要说的是，人类社会内部自然性性关系造成的危机，可以说是，人类由于自身无法处理好人与人之间的关系，或者说无法平衡好男女之间和上下辈之间的性关系而造成的危机，虽然这种关系还是鲜明地打上了自然的痕迹。需要指出的是，原始群时期出现的危机是由于科技和生产力极其低下，人类无法应对大自然的挑战，完全听命于大自然而造成的。可以说科技和生产力水平在一定程度上决定了危机的形式，危机在某种程度上是和科技和生产力水平是相匹配的。这是我们在考察危机时所要注意的。

随着农业革命的发生，人类开始从攫取性经济或非生产性经济向生产性经济过渡。这标志着人类开始摆脱大自然对自身的绝对主宰。这时候，大自然对人造成的威胁开始不再是人类的头号危机了，它开始逐步退居幕后。人类这时所要面对的最为主要也是威胁最大的危机是社会内部各方力量以及外部力量相互争斗、失去平衡而产生的风险。这是危机形式的一次重大变革，标志着一个新时代的诞生。

农业革命后，随着生产的发展，人类再也不像先前那样只能通过攫取天然果实来维持自身生存需要，而没有一丝一毫的剩余。相反，人类通过生产第一次获取了超过维持劳动力所需的剩余产品。剩余产品的出现，宣告财富的诞生。如何来分配这些剩余产品或者说财富成为摆在氏族和酋邦面前的一个重大课题。虽然剩余产品一出现并不会马上引起社会的纷争，但当剩余产品越来越多时，氏族部落的酋长和父系大家族的家长、酋邦酋长和处于高阶等的人就会利用自己对公共产品的管理和支配权，在产品分配和交换上作出对自己有利的抉择，譬如占有一部分剩余产品。这种对剩余产品的占有使社会日益分成两个不对等的阶级:富人和穷人。也即原先为着共同体利益奋斗的人开始一分为二，并开始为各自利益考虑了。普通的氏族成员、酋邦低阶等的人对酋长等处于金字塔顶尖的人占有剩余产品产生了强烈的不满，甚至是抗议。这些通过不公手段获有较多财富的人一方面想通过自己的地位、影响来占有社会更多的财富，另一方面又要防范他人夺取自己财富，特别是普通成员由于不公、愤怒而导致的暴力行为对自身及财富带来的危害。这样，社会就因为财富而产生了分裂、纷争。随着抗议、暴力性行为在共同体内不断发生，原先采用非正式公共约束力来维持均衡的统治体系再也运转不下去了，或者说社会内部各方力量再也不愿遵守原先默认的准则、规定，而各自按照各自的一套方式来进行，整个社会陷入了巨大的分裂。这是人类历史上第一次基于经济利益而导致的社会大分裂。分裂的社会再也无法回复到往昔的平衡状态中去，社会再也无法正常运转下去，它宣告了社会危机的到来。对此，恩格斯在《家庭、私有制和国家的起源》中也有一段精辟描述氏族社会是如何分裂、危机如何产生的话。这段话这样说道："氏族制度是从那种没有任何内部对立的社会中生长出来的，而且只适合于这种社会。除了舆论以外，它没有任何强制手段。但是现在产生了这样一个社会，它由于自己的全部经济生活条件而必然分裂为自由民和奴隶，进行剥削的富人和被剥削的穷人，而这个社会不仅再也不能调和这种对立，反而要使这些对立日益尖锐化。一个这样的社会，只能或者存在于这些阶级相互间连续不断的公开斗争中，或者存在于第三种力量的统治下，这第三种力量似乎站在相互斗争着的各阶级之上，压制它们公开的冲突，顶多容许阶级斗争在经济领域内以所谓合法形式进行。氏族制度已经过时了。它被分工及其后果即社会之分裂为阶级所炸毁。

它被国家代替了。"[1]总之,随着向生产性经济过渡,剩余产品的不断增加,处于金字塔顶层和接近金字塔顶层的富有者及权力拥有者和处于底层的普通成员之间矛盾不断加深、激化,最终导致原先的氏族体系和酋邦体系再也无法维持住社会的有序运转,整个社会爆发了严重的危机。它是在人类内部第一次出现的你死我活、充满血腥的社会危机,是所有人吃人、人剥削人、人压迫人而造成的危机的起点。

需要指出的是,人类历史上第一次社会大分裂,或者说第一次产生的两个阶级(富人和穷人)不可调和的斗争最终导致国家的产生。国家合法地使用武力来整合社会各方力量,维持社会秩序,支撑统治者的权威。恩格斯对此就说道:"国家绝不是从外部强加于社会的一种力量。……确切说,国家是社会在一定发展阶段上的产物;国家是承认:这个社会陷入了不可解决的自我矛盾,分裂为不可调和的对立面而又无力摆脱这些对立面。而为了使这些对立面,这些经济利益互相冲突的阶级,不致在无谓的斗争中把自己和社会消灭,就需要有一种表面上凌驾于社会之上的力量,这种力量应当缓和冲突,把冲突保持在'秩序'的范围以内;这种从社会中产生但又自居于社会之上并且日益同社会相异化的力量,就是国家。"[2]他还说道:"它从一个自由处理自己事务的部落组织转变为掠夺和压迫邻人的组织,而它的各机关也相应地从人民意志的工具转变为旨在反对自己人民的一个独立的统治和压迫机关了。"[3]

---

① 马克思恩格斯选集(第4卷).北京:人民出版社,1995:169.
② 同上,第170页。
③ 同上,第165页。

国家的产生，并没有消灭危机，反而由于使用暴力侵夺利益而使得危机不时爆发，有的很严重，有的不很严重。下面我们就严重的、导致社会变革的危机进行阐述。我们知道，专制王权(王权)统治成为国家最初的统治形式。在专制王权统治下，阶级矛盾不断激化是社会失去均衡或者说是产生危机的最主要的原因。正如前面所言，专制王权总是不遗余力地强化王权的力量，镇压一切敢于争夺王权的力量，并想方设法搜刮民脂民膏，以满足自己奢华的需求，或者说总是设法使自己的利益最大化。由于专制王权自利性以及不受限制性，其索取总是无度的，民众在其统治下只能处于维持生存需要的境地中。一旦遇上天灾人祸，就只能在生死线上挣扎。面对专制王权的压迫，民众再也不接受残暴王权的统治，不得不揭竿而起，奋起反抗，以争得自己微薄的权益。或者说，专制王权过分强调单方面的权益，忽视民众的利益，结果却使整个社会失去了均衡，产生了危机。下面我们先来具体看下古代埃及因阶级矛盾而产生的危机。

古埃及专制王权不断膨胀自己的权力，加重对民众的剥削，特别是把奴隶当做牲畜来对待，并肆意挥霍民众辛勤劳动积聚起来的财富。例如，第四王朝斯涅弗鲁统治时期，就为他建造了三座金字塔。胡夫统治时期，花 30 年时间，每年动用 10 万人，建造了一座高 146.5 米、每边边长约 230 米、用石约 230 万块、每块石头约重 2.5 吨的金字塔，从中可见民众遭受的奴役。《聂菲尔涅胡预言》就记叙了民众遭受的压迫和剥削，它写道："土地缩小了，(但是)它的行政人员却很多，土地荒凉不毛，(但)税收却很重；只有很少的谷物，但斗量却很大，而且量时总是满得上尖。”[①]沉重的剥削,加之连年的战乱,把民众逼入了绝境,结果导致民众奋起反抗,从而引发整个社会的动荡。《聂非尔列胡预言》就描述了社会的这种剧变,它说:“没有武器的人(现在)变成占有武器者。人们(恭敬地)向以前鞠躬行礼的人鞠躬行礼。……那最下面的人到了顶上,他的变动就像我的腹背的转动一样大。人们住在坟场上。穷人发了财……穷人吃着供祭的面包,仆役们在欢乐。赫利奥坡里斯州,这个众神的出生之地将不存在于世上。”[②]《伊浦味陈辞》也有这样的描述,它说:“大地像陶钧一样翻转了过来。”“贫民已变成财富所有者,而不能为他自己制作便鞋的人现在是财宝的占有者。”“所有的女奴随便讲话。”没有财产的人变成财产的所有者,而富人变成了穷人;人们的社会地位也发生了变化,卑贱者受到尊敬,而原来的高贵者被打翻在地;国家机关,包括最神圣的司法机关也被打开,文件被抢走……社会经历了极大的震荡。[③]《哈里斯大纸草》同样也有记叙统治者和被统治者之间的尖锐矛盾以及社会剧烈的变化。它说:“埃及国家曾被弃之不顾,每人各自树立(自己的)正义标准。直到某一时期之前,有许多年,他们没有首领,埃及的土地属于大家和地方首领,人们互相残杀,无论高贵者或卑贱者都如此。随后到来的某一时期是一些空虚的年代,这时……一个叙利亚人在他们中自立为王。他把整个大地变成他的附属物。人们参加他的队伍为的是抢掠别人的

① 杨共乐.世界上古史资料汇编.北京:北京师范大学出版社,2010:25.

② 同上,第25页。

③ 转引自齐世荣.世界史(古代卷).北京:高等教育出版社,2006:39.

财产。他们对待神像对待普通人一样,对神庙不作任何供奉。"①

再来看下古代中国统治者压迫民众而引发的社会全面危机。古代中国的专制统治世所罕见,其对民众的赋税剥削和压迫是很沉重的。并且,中国历朝历代的专制统治越往后,其腐朽性和残暴性越明显,对民众的压迫也越深重。因而,社会危机就不可避免地产生了,而且,这种危机是周期性出现的。我们知道,秦帝国是古代中国第一个实行中央集权制的大一统帝国。秦帝国的开创者秦始皇骄奢淫逸,不爱惜民力,以大兴土木为乐。据《史记・秦始皇本纪》记载:"秦每破诸侯,写仿其宫室,作之咸阳北阪上。南临渭,自雍门以东至泾、渭,殿屋复道,周阁相属。"到了秦始皇,他还不满足于已有的宫殿规模,"乃营作朝宫渭南上林苑中。先作前殿阿房,东西五百步,南北五十丈,上可以坐万人,下可以建五丈旗,周驰为阁道,自殿下直抵南山。"不仅如此,秦始皇即位之初,就"穿治骊山"。到一统天下后,更是不惜动用巨大的人力物力营建陵墓。《史记・秦始皇本纪》记载:"隐宫徒刑者七十余万人,乃分作阿房宫,或作丽山。"这座坟墓蔚为壮观,极尽奢华,"宫观百官奇器珍怪徙臧满之","以水银为百川江河大海,机相灌输,上具天文,下具地理。以人鱼膏为烛,度不灭者久之。"可见,秦始皇为死后继续享受荣华富贵,修建陵墓已到了不惜血本的地步了。换而言之,就是对民众的剥削索取也达到了无以复加的地步了。同时,秦始皇崇尚法家,以吏为师,一任刑罚。其残暴已是令人心惊。到秦二世,更是变本加厉地搜刮民脂民膏,以致民众"力罢不能胜

① 转引自齐世荣.世界史(古代卷).北京:高等教育出版社,2006:72.

其役,财尽不能胜其求";其残暴比秦始皇更是有过之而无不及,杀宫女殉葬,活埋修建陵墓的工匠,人数众多,而且,"用法益刻深","刑戮相望于道,而天下苦之","自君卿以下至于众庶,人怀自危之心,亲处穷苦之实,咸不安其位"。总之,秦帝国的统治者过于强调自己的利益,而把民众逼迫到无法生存的境地,天平过于倾斜了。最终官逼民反,民不得不反。于是,天平倾覆了,全面的社会危机就爆发了,秦帝国 15 年就宣告了其寿命的终结。

秦亡,继之而起的是汉帝国。西汉末期即汉成帝和汉哀帝时期,也是西汉王朝专制统治的末期。汉成帝时,他一方面不管国家大事,把国家大事交由舅舅管理;另一方面不管民众的生死,大建宫殿,大修陵墓。这从谷永劝谏汉成帝的一段话中可以窥见汉成帝劳民苦民伤民之甚。这段劝谏的话是这样的:"今陛下轻夺民财,不爱财力,听邪臣之计,去高敞初陵,捐十年功绪,改作昌陵,反天地之性,因下为高,积土成山,发徒起邑,并治宫馆,大兴徭役,重增赋敛,征发如雨,役白乾谿,费疑骊山,靡敝天下,五年不成而后反故。又广盰营表,发人冢墓,断截骸骨,暴扬尸柩。百姓财竭力尽,仇恨感天,灾异屡降,饥馑仍臻。流散冗食,饿死于道,以百万数。公家无一年之蓄,百姓无旬日之储,上下俱匮,无以相救。"(《汉书·谷永传》)汉成帝的后继者汉哀帝比汉成帝更残暴,百姓的处境也更为艰难。鲍宣在给汉哀帝的谏书中写道:"凡民有七亡:阴阳不和,水旱为灾,一亡也;县官重责更赋租税,二亡也;贪吏并公,受取不已,三亡也;豪强大姓蚕食亡厌,四亡也;苛吏徭役,失农桑时,五亡也;部落鼓鸣,男女遮迣,六亡也;盗贼劫略,取民财物,七亡也。

七亡尚可,又有七死:酷吏殴杀,一死也;治狱深刻,二死也;冤陷亡辜,三死也;盗贼横发,四死也;怨雠相残,五死也;岁恶饥饿,六死也;时气疾疫,七死也。民有七亡而无一得,欲望国安,诚难;民有七死而无一生,欲望刑措,诚难。"(《汉书·鲍宣传》)由此可见百姓生活之困苦艰难,也反映出整个社会已处于"山雨欲来风满楼"之中。正是在这背景下,王莽取汉自立,并进行了一系列的改革。王莽改制没有改善民众日益恶化的处境,反而在统治者和民众本已处于紧张关系的基础上洒了一把盐,使整个社会陷入了动荡和战乱之中,王莽短命统治也宣告终结。

其后,东汉建立。不过,到了东汉末年,由于统治者的不受限性,一再压迫百姓,以至于民不聊生,怨声载道。加之,自然灾害频发,民众流离失所者众。于是,社会再一次陷入了前一朝代遇到的危机,重复了前一朝代的危机。这样的危机在隋末、唐末、元末、明末以及清后期一而再、再而三地上演,帝国也一个接一个的灭亡。也即在专制统治下,由阶级矛盾而导致的社会危机在不断地循环,形成了一个走不出去的历史怪圈。

再来看罗马帝国的情况。罗马帝国统治者基本上由冒险家、暴发户、大富豪和贵族们组成。他们做官的目的只是为了财富和土地,因而,这种国家机器运转起来势必带有鲜明的掠夺性和残酷性,事实上也正是如此。帝国统治下的民众负担日益沉重,生活陷于水深火热之中。恩格斯为此就指出:"罗马国家变成了一架庞大的复杂机器,专门用来榨取臣民的膏血。捐税、国家徭役和各种代役租使人民大众日益陷于穷困的深渊;地方官、收税官以及兵士的勒索,更使压迫加重到使人不能忍受的地步。罗马国家及其世界霸权引起了这样的结果:它把自己的生存权建立在对内维持秩序，对外防御野蛮人的基础上；然而它的秩序却比最坏的无秩序还要坏，它说是保护公民防御野蛮人的，而公民却把野蛮人奉为救星来祈望。”[①]在沉重的压迫和剥削下，社会危机一触即发，反抗运动风起云涌。这些反抗运动虽然没有推翻罗马帝国的统治，但极大地加速了罗马帝国的灭亡。

统治集团内部的矛盾是激化社会矛盾的主因之一，也是社会危机产生的另一大原因。统治集团内部存在多种力量，有专制君主、世袭贵族、祭祀集团、地方力量以及武人集团。这些不同的力量虽然针对被统治者是作为一个整体而存在，它们共同对付被统治者，但也存在着矛盾。当专制王权强大的时候，这种矛盾是不突出、不尖锐的。一旦专制王权变得软弱无力时，世袭贵族、神职人员以及地方力量就会欺凌、操纵专制王权，为自己谋取利益。于是，就产生了比较激烈的矛盾，进而加重了社会的负担，引发社会危机。

先来看下埃及法老专制统治下的统治内部的矛盾。古代埃及的法老专制统治不仅要依赖门阀贵族、官僚大臣，也要依赖神庙祭祀集团。法老专制统治强大时，这些贵族和祭祀紧紧依偎在专制王权周围。但到了法老专制统治受到削弱时，它们的离心倾向就日益明显。古王国末期，法老专制统治由于挥霍无度，国家很快就衰败下去。地方贵族乘机截留王室收入和国库收入，扩充自己的势力，增强自己的实力。在第四王朝末和第五王朝时，地方贵族世袭化的趋势不断得到强化。到第六王

---

① 马克思恩格斯选集（第4卷）. 北京：人民出版社，1995：148.

朝时，各州的州长已不听命于法老，而是各自为政，成为称霸一方的独立的政治势力。这样，法老大一统的政治局面被贵族割据局面取代了。这些贵族割据势力不仅采用类似国王的头衔，拥有自己的纪年，而且，还拥有自己的军队，经常与相邻地区发生战争，侵占对方的疆土，以扩大自己的势力范围。这些无休止的战争对生产造成了严重的破坏，加重了民众的负担，从而激化了社会矛盾，导致社会危机的爆发。需要说的是，这些地方贵族势力在中王国时期遭受到了法老专制王权的沉重打击。自此后，地方贵族势力就一蹶不振了，再也无力与法老专制王权进行抗争了。

神庙势力不同于地方贵族势力，它是专制王权唯一的精神支柱，专制王权需要它。因而，历代法老都给予神庙慷慨的赠与，还免除神庙的各种赋税，以加强彼此的同盟关系。如图特摩斯三世就把 2800 斯塔特土地和 1078 个奴隶等捐赠给阿蒙神庙，再如有学者从《哈里斯大纸草》中推测出，当时全国 15％的土地和 2％的劳动力都赠给了阿蒙神庙及其他神庙。在法老的扶持下，阿蒙神庙势力成为仅次于国王的最富有的社会集团。可是，当神庙势力壮大后，并没有对专制王权感恩戴德，反而是离心离德。这些神庙祭司极力参与政事，设法垄断政治权力，而不愿做专制王权的附庸，甚至联合地方贵族来反对专制王权，削弱专制王权。于是，神庙势力就和专制王权产生了矛盾，特别是在新王国时期这种矛盾还是比较突出的。新王国的法老们开始不信任阿蒙神庙的祭司，在阿蒙荷特普三世时，撤除了祭司兼维西尔的普塔赫摩斯的职务，并尊崇太阳神阿吞神，而不是阿蒙神。到了阿蒙荷特普四世，他进行了大刀阔斧的改革,其中规定只准崇拜阿吞神,没收阿蒙神庙的一切财产,并转给阿吞神庙。改革沉重打击了阿蒙神庙势力,不过,由于种种原因最终还是失败了。改革的失败导致阿蒙神庙势力卷土重来,阿蒙神庙势力进一步加强了对王权的控制,使王权更加依赖于阿蒙祭司。阿蒙祭司还不满足于此,在公元前1085年,篡夺了法老王权,导致了新王国的终结。

在古代中国,专制王权统治采用文官制来巩固大一统的局面,因而,虽然也有地方武力割据的局面出现,但分裂毕竟是少数,大多数时候还是大一统。而且,文官有着强烈的"以天下为己任"的意识和自觉的忠君意识,因而,很少祸害专制王权。对大一统帝国来说,统治集团内部的隐患主要来自宦官和外戚的专权。这种宦官和外戚专权是古代中国有特色的统治阶层的斗争,也是其他国家绝无仅有的。

宦官专权在中国历史上很常见,而且,皇帝越是专制集权,宦官专权的可能性就越大。因为皇帝把权力从大臣手中夺来,又交付给身边的亲信宦官,毕竟皇帝没有三头六臂,一个人做不完所有事务。这些宦官利用君主的信任,欺骗、愚弄君主,甚至是操纵君主。同时,他们专横跋扈,为所欲为,排斥异己,祸乱国家。中国历史上第一大权在握的宦官是秦帝国的赵高。秦始皇游幸途中病故,赵高和李斯阴谋勾结,谎称秦始皇死前立胡亥为太子,并矫诏赐公子扶苏死。胡亥当上皇帝后,对赵高是言听计从。胡亥担忧自己的帝位不稳固,赵高让他杀大臣和诸公子以巩固自己的皇位。胡亥就听其言,"乃行诛大臣及诸公子,以罪过连逮少近官三郎,无得立者,而六公子戮死于杜。公子将闾昆弟三人囚于内宫,议其罪独后……昆弟三人皆流涕拔剑自杀。”(《史记·秦始皇本纪》)一时间,“宗室振恐”,“大吏持禄取容”,“黔首振恐”。后赵高又欲作乱,指鹿为马,杀秦二世。赵高的专权祸乱了秦帝国的朝政,加剧了社会矛盾,使秦帝国无可挽回地坠入到社会大动荡的深渊中去。东汉王朝也是一个宦官跋扈的朝代。邓太后主政期间,宦官势力把持朝政,“朝臣国议,无由参断,帷幄称制,下令不出房闺之间,不得不委用刑人,寄之国命”。到汉桓帝时,他利用宦官势力灭了外戚势力,并为诛灭外戚势力有功的宦官加官晋爵。这些封侯的宦官骄奢淫逸,飞扬跋扈。《后汉书·宦者传》载:“皆竞起第宅,楼观壮丽,穷极技巧,金银罽毦,施于犬马。多取良人美女以为姬妾,皆珍饰华侈,拟则宫人。其仆从皆乘牛车,而从列骑。又养其疏属,或乞嗣异姓,或买苍头为子,并以传国袭封。兄弟姻戚皆宰州临郡,辜较百姓,与盗贼无异。”宦官势力的横行霸道,目无王法,欺压朝臣,成为东汉王朝灭亡的一个重要原因。最后再说下明帝国的宦官专权。明帝国开国之君朱元璋曾规定“内臣不得干预政事,预者斩”,但到了明成祖时,就废弃了朱元璋的“祖训”,开始委用宦官办理各种差事。不过,这期间宦官还是比较守规矩的。到了明英宗,王振利用英宗对他的宠信,将朝政控制在自己手上,欺压外臣。同时,利用手中的权力,大肆卖官鬻爵,收受贿赂,搜刮民脂民膏,成为有明以来第一位专权的宦官。王振专权最终导致明英宗土木堡一役被俘,国家元气受到损伤。武宗朝又有宦官刘瑾等人迎合武宗奢侈好色的品性,以此博得武宗的信任,从而掌握了整个朝政,并对有异见者大肆迫害。刘瑾的擅权搞得朝政乌烟瘴气,怨声载道,结果引发了王朝同姓王的反叛。到了明熹宗,又一次出现宦官专权的局面，也是中国历史上最昏暗的宦官专权。宦官魏忠贤凭借皇帝对他的宠信，一方面排斥异己，肆无忌惮地迫害妨碍他专权的绊脚石——东林党人，并试图赶尽杀绝。另一方面专断国政，大小政务皆有他代皇帝裁决，以致朝野“只知有忠贤，而不知有皇上”。魏忠贤的擅权，或者进一步说，宦官的专权是导致明帝国灭亡的最主要的原因之一。

外戚专权也是导致国政黑暗和朝纲败坏的重要因素。这以东汉王朝最为典型。汉成帝时就把国政交由他的舅舅管理，开了外戚专权之先绪。这些王氏外戚把持朝政，收受贿赂，穷奢极欲，湛湎荒淫，对王朝统治造成了较大的损害。由于王氏把持朝政日久，虽然被皇帝削去一些势力，但还是势力较大，最终被王莽篡夺了帝位。汉顺帝至汉桓帝诸朝，外戚势力又开始把持朝政，并且其专权程度达到了登峰造极的地步。外戚视皇帝为傀儡，甚至谋害对己不满的帝王。《后汉书·梁冀传》载：“冲帝又崩，冀立质帝。帝少而聪慧，知冀骄横，尝朝群臣，目冀曰：‘此跋扈将军也。’冀闻，深恶之，遂令左右进鸩，加煮饼，帝即日崩。复立桓帝，而枉害李固及前太尉杜乔，海内嗟惧。”由此可见，外戚专权之甚。虽然此后梁冀被汉桓帝诛灭，但外戚势力始终没有消灭，反而一有时机就卷土重来，继续飞扬跋扈，危害王朝统治。而这也成为东汉王朝覆灭的重要原因。

阿拉伯地区的伍麦叶王朝存在着各种政治派别，主要是王室、北阿拉伯人派和南阿拉伯人派；而且，这些政治派别之间的斗争很激烈。伍麦叶王室通过挑动部落仇恨和利用部落矛盾来夺取政权和稳固政权。穆阿威叶靠南阿拉伯人建立王朝。北阿拉伯人反对穆阿威叶二世继任哈里发。为此，还爆发了战争。瓦立德一世时,北阿拉伯人势力强大。叶齐德三世又依靠南阿拉伯人的力量夺回了哈里发的宝座。王朝末期的哈里发,实际上成了某个派别的首脑,无力统领全国。两大政治势力之间无休止的战争,导致了统治力量的削弱和王朝的崩溃。需要说的是,伍麦叶王朝还有反对派存在,它们反抗伍麦叶王朝的统治。这些反对派主要有拥护阿里家族的什叶派、要求哈里发职位的阿巴斯人和不敢居顺民地位的呼罗珊人。什叶派认为阿里的后代是穆斯林最高权力的继承者,不承认伍麦叶人的统治是合法的。阿巴斯人也不承认伍麦叶人的哈里发地位,坚持强调哈希姆家族的权利。呼罗珊地区的波斯人不满自己被降为顺民阶级,一心想摆脱伍麦叶人的统治。这三股势力因都不满伍麦叶人的统治而结成联盟,终于推翻了伍麦叶王朝。[①]

军人干政是统治集团内部矛盾的表现形式之一,是导致帝国危机重重的另一个原因。罗马帝国早期,军队作为一支重要的政治力量,直接参与元首的废立。在朱里亚·克劳狄王朝,元首继位时都得到近卫军的支持。此后,行省军队对元首继位的干涉日益加强。军事混乱时期共有 29 位元首,其中有 18 位由行省军队拥立。这些帝国元首统治时间短,并且 57 位元首中有 40 位元首死于非命,特别是军事混乱时期,29 位元首中有 25 人被军队所杀。[②] 军人干政导致帝国的无政府状态,它加重了民众的负担,广大民众民不聊生,社会矛盾即将一触即发。再如奥斯曼帝国本身是个军事性封建帝国,近卫军拥有许多特

① 彭树智.阿拉伯国家史.北京:高等教育出版社,2002:70—71.

② 袁波.从元首继承制的特点看罗马帝国政体的转变.重庆社会科学,2007(12).

权，干涉国家政务，左右君主废立。在 17 至 18 世纪的 14 个素丹中有 6 个被推翻，另有 6 个被扶上王位。军人已经完全丧失了以往作为驯服工具的特性，对君主专制中央集权构成了严重的威胁，削弱了帝国的统治。

宗教压迫也导致了社会危机的产生。在历史上，由于阿拉伯穆斯林东征西讨，伊斯兰教被带入到南亚次大陆和南欧地区。于是，就和基督教、印度教产生了冲突，也引发了宗教压迫。我们知道，在印度历史上出现过两个穆斯林王朝，它们是德里苏丹国和莫卧儿帝国。这两个穆斯林王朝都曾经对非穆斯林实行过宗教压迫，而且后者实行的宗教压迫很严重。在德里苏丹国时期，规定所有非穆斯林都要缴纳人头税，还对他们征收香客税。印度教徒与穆斯林诉讼，只能依据伊斯兰法判案。有清真寺的地方，不准建印度教寺庙。苏丹还下令捣毁了许多印度教神庙，砸碎了神庙偶像。这些都引发了印度教徒的不满，社会也矛盾重重。在莫卧儿帝国时期，特别是奥朗泽布统治时期，他重新对印度教徒征收人头税。所有印度教王公、官员和士兵也都必须缴纳，这是以前从未有过的。香客税也被恢复。他宣布废除伊斯兰教封建主所欠商人高利贷者的债务，商人高利贷者绝大多数是印度教徒。他恢复了对伊斯兰教和印度教商人的不平等税率，随后又取消了伊斯兰教徒的商业税。他没收了一些印度教寺庙的土地，并且还下令关闭印度教学校，不过这没执行，等等。[①] 奥朗泽布的宗教歧视政策以及别的错误政策导致民众负担加重，商人利益受损，社会矛盾非常

① 林承节. 印度史. 北京：人民出版社，2004：189.

尖锐,最终引发了帝国的危机,导致帝国分崩离析。此外,在后伍麦叶王朝时期,阿拉伯穆斯林对基督教徒、新入教的西班牙穆斯林很不信任,宗教迫害也愈演愈烈,加之种族歧视严重,因此社会矛盾尖锐,内乱不断。

民族矛盾是产生危机的另一个主要的原因。统治者对被征服民族的疯狂压迫使得民族矛盾不断激化,最终被压迫民族不堪忍受征服者的欺凌,于是就奋起反抗,推翻其残暴的统治。如亚述帝国以血腥的恐怖来对待被征服者。亚述人对战俘和平民施以不可言状的酷刑——剥皮、钉火刑柱、插尖桩等。那西尔帕二世的铭文中说:"我用敌人的尸体堆满了山谷,直达顶峰;我砍掉他们的首级,我用他们的人头装饰城墙,我把他们的房屋付之一炬,我在城门前建筑了一座墙,包上一层由反叛首领身上剥下来的皮,我把一些人活着砌在墙里,另一些人沿墙活着插进尖木桩,并加以斩首。"这些骇人听闻的故事不是他人记载的,而是亚述人自己的炫耀。[①] 亚述人的血腥统治最终激起了其他民族的反抗,并导致了亚述帝国的亡国灭种,以至于其在历史上好像从来没出现过一样。再如元帝国时期,统治者利用强硬的手段迫使汉人屈服,并对汉人实行民族歧视政策。首先,它把全国民众分为四个等级,即蒙古人、色目人、汉人和南人。其中蒙古人处于最高等级,色目人次之,汉人又次之,南人的地位最低贱。并且,四个等级的人犯罪,其量刑标准是不一样的;高等级的人可以殴打低等级的人,且低等级的人不得还手;其次,在政治上存在着歧视。官员正职只能是蒙古人,汉

① 马世力总.世界史纲(上册).上海:上海人民出版社,1999:65.

人和南人不能担任正职，只能担任副职。而且，科举取士上分左右榜，右榜蒙古人和色目人，左榜汉人和南人，右榜比左榜高一等，授官后的待遇也差别很大。总之，蒙古人时时处处压迫汉族人，对他们实行高压政策，广大汉族人不断奋起反抗。双方不断的对抗导致彼此间的冲突更为剧烈，加之，元朝统治者穷奢极欲，绞尽脑汁搜刮民众财富，终于导致全社会危机的爆发，元朝统治者也被驱逐出了中原。

需要说明的是，发生在古代世界各个地方的危机基本上都是孤立的，彼此间都不存在联系，也对另一方没有直接的、明显的影响。也即危机在封闭的世界进行自我的循环，自我的重复，形成了一个历史发展的怪圈。究其原因，最根本的在于，古代世界科技和生产力落后，基本上是个自给性封闭体，相互间处于孤立隔绝的状态。因而，在没有外力干预下，一个地方的危机就会一而再、再而三地重复演下去，这导致历史发展迟缓。

民主统治是继专制统治之后的统治形式。虽然民主统治截然不同于专制统治，但在民主统治取代专制统治以及反抗殖民统治的过程中，阶级矛盾、民族矛盾依然是产生危机的主要原因。不过，这一阶段危机产生的方式、深度和广度都发生了深刻的变化。

我们知道，由于新航路的开辟和地理大发现，使原先互相隔绝的地区发生了联系，各大洲的贸易得到了明显的发展，形成了巨大的世界市场。加之，殖民势力的不断拓展，使得资本势力得到了迅猛的增长。这样，一个新兴的、即将主导世界的阶级——资产阶级首先从西方登上了历史舞台。这个阶级“本性好动”，它要求在商品交换流动中获取自己的利益，要求变革束缚商品流通的一切条条框框,并要求获取与自己势力相应的政治权力。这与原先那些“安静”的、固守等级的阶级——收取地租的封建主和自给自足的农民完全不同。而对西欧专制主义来说,它需要资产阶级经济上的支持,但它的横征暴敛和种种限制却又损害了资产阶级的利益,与资产阶级发生了矛盾,而且,这种矛盾随着交换性经济的进一步发展和专制统治的加深而日趋紧张。这最终引发了整个社会的危机,并建立起了一个新的、适应资产阶级需要的国家形式——共和国。需要说的是,由于新兴资产阶级是世界新的领导者,因而,这种危机的产生是世界性的,是一个接一个,连锁性的,互有影响的。这是与古代世界产生危机最大的一个不同之处。下面我们就以英国和法国为例具体说说阶级关系的变化、阶级矛盾的发展以及同质相关联危机的产生。

十六七世纪的英国虽然表面上看起来依然是个农业国,但是,“圈地运动”在英国农村的兴起,使资本主义因素深入到农业生产中,主要体现为出现了资本主义性质的农场和被迫出卖劳动力的雇佣劳动者。工业在这一时期也得到了快速的发展,如煤矿的开采和铁的生产都得到了较大的增长。这些新的经济成分的出现,使社会阶层发生了一些明显的变化。首先,分化出一个与资本主义关系密切的新贵族阶层。这些新贵族主要由乡绅转变而成,他们或以资本主义方式经营农业,或出租土地收取资本主义地租。其次,产生了一个新兴的阶级——资产阶级,主要由商人、高利贷者、手工工场主和租地农业家组成。他们受到封建制度的诸多束缚,希望能够改变现状。17 世纪的英国由斯图亚特王朝统治,它厉行君主专制,不经议会通过而任意征收捐税，损害了新贵族和资产阶级的利益。经济上成长起来的新阶级不甘心任人宰割，号召民众抗议君主的专制行为。随着双方矛盾的不断激化，加之，民众也起来反抗君主，危机在1642年爆发了。斯图亚特王朝的专制统治也最终被推翻，建立了君主立宪政体。

18世纪的法国还是一个封建农业国，但是，新的资本主义关系在君主专制社会内部有了较大的发展。法国工场手工业得到了快速的发展，有着发达的采矿业、冶金业、奢侈品业和纺织业。不过，最为发达的还是金融业。到18世纪，巴黎已有60余家银行。新的资本主义关系的发展壮大了资产阶级的力量，也使贵族阶层出现了分化，产生了自由贵族或者说资产阶级化的贵族。虽然资本主义关系得到了发展，但在波旁王朝的专制统治下，资本主义关系发展依然受到其重重阻碍，专制政府经常对金融界强行借款，乃至封闭银行。因此，废除君主专制统治或者说旧的生产关系已成为进一步发展资本主义的迫切要求。而且，法国实行非常严格的封建等级制度。它把全国居民划分为三个等级:僧侣和贵族是第一、二等级，除此之外，皆是第三等级。第一、二等级是统治阶级，享有各种政治经济特权，没有任何赋税义务。第三等级包括资产阶级、农民和城市平民，是被统治阶级。它们不仅政治上无权，而且经济上深受压迫和剥削。在这个等级中，资产阶级有着强大的经济实力和影响力，对平等参政有着强烈的要求。随着专制政府财政危机的加深，专制政府决定召开三级会议，向第三等级征收更多的税。而第三等级代表决心仿效英国建立君主立宪制的国家。专制政府决心对第三等级代表实行镇压，而第三等级代表和巴黎民众则奋起反抗。于是,社会危机就产生了。而波旁王朝也最终被推翻了,建立了共和制度。需要指出的是,法国共和制度的确立经历了一个曲折而漫长的过程,这有别于英国君主立宪制度的确立。虽说如此,但资产阶级最后还是掌握了国家大权,巩固了资产阶级的统治。

通过对上述两国危机的分析,可以看出,由于新兴资产阶级的出现,导致与旧世界的统治阶级发生尖锐的矛盾。不甘心屈从于统治者的横征暴敛,资产阶级领导民众推翻了旧阶级的统治,建立了共和性质的政体。而且,英国资产阶级反专制统治的行为影响了法国资产阶级反专制统治的行为,成为欧洲最早的相关联的也是深刻影响世界的危机事件。需要说的是,虽然英法在欧洲地区最早确立了资本主义关系,但是,资本主义关系在欧洲的完全巩固也经历了一个较长的过程。因为欧洲的专制势力是不会自动退出历史舞台的,需要资产阶级和封建势力作艰苦的斗争。这个作斗争的过程是一个危机丛生、危机环生的过程。如在法国的影响下,反抗专制统治波及德国、奥地利以及其他一些欧洲国家,乃至后续影响波及亚洲的一些国家,如日本、中国等。

我们在看到资产阶级同本国专制统治者矛盾重重并进而推翻专制统治的同时,也看到很多国家和地区的资本主义关系不是内生的,是外加上的。这些国家和地区的民众深受殖民者的剥削,有的还要受本国统治者的压迫,不过,主要的还是民族矛盾。随着资本主义关系在这些国家和地区的进一步发展,各国资产阶级和民众开始不甘屈从于外来的暴虐统治,纷纷奋起反抗,一时间整个世界处于反抗殖民统治的风暴中。

美国的前身是英国在北美大陆建立的13个殖民地，它与欧洲大陆存在专制主义不同，它不存在封建特权和等级制度。不过，它有英国派驻的总督和官员，代表英王行使对殖民地的统治权。而且，到18世界上半叶，北美殖民地的资本主义经济，特别是北部殖民地的经济发展迅速，如纺织业、造船业、冶金业、面粉加工业等都发展很快。生产的工业品不仅能够满足自身的需要，甚至有些工业品还可以和英国竞争了。商品的流通还把南北方紧密连接起来，形成了一个统一的市场。北美殖民地资本主义商品经济的发展也催生出一个新的阶级——资产阶级。但是，随着英法七年战争的结束，英国开始加强对殖民地的控制，并准备增加对殖民地的税收，以缓解战争造成的财政困难。如限制民众向阿巴拉契亚山脉西迁，颁布了《印花税法》、《汤森税法》和《茶叶税法》等。这些举措激起了殖民地资产阶级和普通民众的强烈不满，引发了殖民地资产阶级和普通民众与母国的矛盾。于是，殖民地民众不断掀起抗税斗争，乃至发生暴力事件。面对殖民地民众的反抗运动，英国统治者也是不断采取损害殖民地民众利益的高压措施。双方矛盾陡然间升级，最终爆发了武装冲突，并引发全面的战争。独立战争以北美殖民地获胜并取得独立而告终。

在拉丁美洲，西班牙和葡萄牙是主要的殖民国家，占有拉美绝大部分的土地。西班牙和葡萄牙委派总督对殖民地实行专制统治，殖民地参议院的权力微不足道。这些殖民统治者一方面残酷地剥削压榨印第安人，疯狂地掠夺贵重金属；另一方面严格控制殖民地经济的发展，禁止殖民地发展对宗主国经济有威胁的产业以及同别的国家进行贸易往来，以此维护宗主国地主和商人的利益。虽然由于宗主国的残酷掠夺和压制而导致经济发展迟缓,但拉美殖民地经济还是冲破种种限制而缓慢发展起来了,如纺织、制糖、皮革等发展较好,一些农产品都销往欧洲。经济的发展,宗主国的残酷剥削,加之受到法国的影响,使殖民地民众深切感受到有必要摆脱宗主国的殖民统治,建立一个属于自己的独立国家。于是,在一些庄园主和商人的领导下,反抗殖民统治的运动在墨西哥、中美地区和南美广大地区纷纷开展起来,整个拉美陷入到反殖民统治的风暴中。最后,这些国家反抗殖民统治获得了胜利,建立了独立的国家。

亚非国家很早就沦为欧美的殖民地,深受殖民统治之害。这些殖民国家通过战争打开亚非国家的大门,获取战争赔款和其他利益,并不断加重对殖民地和半殖民地国家的经济剥削。如埃及的苏伊士运河一直为英法控制,因此,英法从中获得巨额利润。1955 年的运河利润为 1 亿美元,埃及只分得 300 万美元,仅占 3%。再如 1900 年,清王朝和八国联军开战。战败后,签署了《辛丑条约》,赔偿白银 4.5 亿两。当然,殖民国家的入侵在客观上也带动了本地资本主义经济的发展,尽管发展缓慢。同时,也产生了本地资产阶级。第二次世界大战后,随着老牌殖民国家实力的削弱,以及亚非殖民地资产阶级和民众的觉醒,要求民族独立的呼声日高,反抗殖民统治的运动也此起彼伏。整个殖民统治处于风雨飘摇之中。特别是埃及宣布独立,成功挫败英法的侵略,收回苏伊士运河,标志着殖民统治已不能用“炮舰政策”来维持统治。这是殖民主义体系的“中东危机”。此后,中东、非洲及其他一些地区都起来反抗殖民统治,并获得了国家的独立。

国家结成联盟并发生矛盾，从而导致世界性危机，是危机新的表现形式。这种矛盾的产生主要有两种方式，一种是由于各资本主义经济发达国家发展速度不同，使得各国的经济实力发生了较大的变化。实力迅速增强的国家为一方，它们提出了重新瓜分世界的要求，与旧有世界的既得利益者一方产生了矛盾，并引发全球性的危机；另一种由于周期性经济危机的发生，各国为转嫁和摆脱危机，就加紧争夺市场和原料产地，那些占有地盘较小、资源相对不足的国家就明显处于不利的地位。于是，这些国家就结成联盟，希望通过发动战争来摆脱危机，结果引发了全世界的危机。如第一次世界大战危机的爆发就是因为各国实力不均衡而导致的。我们来看下第一次世界大战前主要资本主义国家的经济发展情况。1870—1913 年的 43 年中，美国工业增长了 8.1 倍，德国工业增长 4.6 倍，法国增长 1.9 倍，而英国仅增长 1.3 倍。英国在世界工业中的地位在这 43 年间一直在下降。到 19 世纪 80 年代英国工业总产值就被美国超过，从第一位退居第二位；到 1900—1910 年间又被德国超过，降为世界第三位。美国在世界工业中所占的比重，从 1870 年的 13.3%上升到 1913 年的 16%；同时德国从 13.2%上升到 1913 年的 15.7%，英国从 32%下降为 14%，法国从 10%下降至 6%。[①] 经济实力对比上的突变使德国要求按实力对比重新瓜分世界，英国则坚决固守已获得的全球利益，于是，双方矛盾就日益尖锐。此外，其他欧洲列强在经济、领土和殖民地上的争夺也很激烈。像法国和德国积怨已久，奥匈帝国与俄国

---

① 池元吉. 世界经济概论(第 2 版). 北京：高等教育出版社，2006：34.

也是冲突不断，法国又与意大利在殖民地争夺上矛盾重重。彼此间没有矛盾的列强互相拉帮结派，结成同盟，于是在欧洲形成了两大对立的军事集团，即同盟国和协约国。两大军事集团剑拔弩张，终于因一次偶然的刺杀事件而爆发全面战争。而且，由于战争的目标是争夺整个世界，因而，战火从欧洲蔓延至亚非，使整个世界陷于危机和灾难之中。第一次世界大战最终以同盟国战败、协约国获胜而宣告结束。再如第二次世界大战的危机是为转嫁和摆脱世界性经济危机而引发的。1929—1933 年资本主义世界发生了严重的经济危机，对资本主义经济造成了严重的破坏。工业生产下降了 40％以上，失业率高达 30％～50％；1933 年贸易额比 1929 年减少了 2/3，回到了 1919 年的水平；银行大量倒闭，美国在这一时期破产的银行超过 1 万家，德国的黄金储备减少了 4/5。1933 年危机结束后，又进入“大萧条”，直至 1936 年才恢复到危机前的生产水平。1937 年下半年起，美英法等国又爆发了新的危机，却没有一个国家出现繁荣的局面。危机使得主要资本主义国家之间的矛盾进一步激化，在国际关系中展开了一场空前激烈的经济战。如 1930 年，美国国会通过了对 890 种商品提高征税的法案。对此，有 33 个国家表示抗议。到 1931 年底，有 25 个国家采取了报复措施，到 1932 年，更是增加到 76 个国家。英国在 1932 年决定在英联邦内建立关税优惠制。法国采取限额输入的办法，保护本国的商品市场。[①] 1933 年，世界经济会议召开，目的是协商建立稳定的国际经济秩序。但是，由于各方矛盾重重，会

---

① 齐世荣. 世界史(当代卷). 北京：高等教育出版社，2006：229.

议以失败而告终。这进一步恶化了国际经济关系。面对危机的打击和恶化的世界经济环境,处于不利经济地位的德意日不得不开始通过对外扩张来缓解危机给自己的危害。它们实行法西斯专政,扩军备战,分别在欧洲、非洲和亚洲开辟战场,谋求自己的利益,从而使整个世界陷入危机之中。第二次世界大战最终以德意日三国失败而告终。

由于意识形态不同而分裂成两大对抗的阵营,从而导致"冷危机"的产生,也是危机的另一种新的形式。我们知道,第二次世界大战改变了资本主义世界体系的结构,美国一跃成为资本主义世界的霸主,英法则受到了严重削弱,德意日因战败而彻底崩溃,这样就形成了以美国为中心的资本主义新体系。与此同时,第一次世界大战中建立的苏联经过第二次世界大战战火的洗礼,实力和国际威望显著增强,成为可与美国匹敌的政治军事大国。加之,东欧国家和亚洲的人民民主国家受苏联模式的影响,也走上了社会主义道路,并先后与苏联结盟,这样就形成了以苏联为首的社会主义阵营。这两大阵营由于意识形态不同以及所追求的发展目标不同,因而,对抗成为必然的选择。不过,这"两个世界的对峙"又没有上升到美苏直接的、面对面的爆发冲突的境地。如柏林危机虽然使东西方关系非常紧张,但对峙双方都不愿开战。朝鲜战争虽然爆发了,但却是有限的、局部的战争,并未发展到全球性的、美苏直接对抗的战争。因而,第二次世界大战后的世界危机呈现出"冷危机"的特点。这也是与以往危机不同的新的危机形式。这种"冷危机"持续了四十多年,不过,随着东欧剧变和苏联的解体,这种"冷危机"也宣告结束了。

第四章　危机不一定导致革命

正如前面所言，均衡和危机是社会这个硬币的正反两面，它们处于一个不断转换的过程中。当社会危机产生，它不会无限期地延续下去，或早或迟总会在各方的博弈下得到解决，从而使社会重新回复到先前的均衡统治体系中去，或者上升到新的均衡统治体系。这里大家请注意，危机产生后，经过各方利益博弈，社会只是有可能回复到先前的均衡统治均系，也有可能上升到新的均衡统治体系。如果只是回复到先前的均衡统治体系，或者说危机没有产生新质，只是在先前的均衡统治体系中循环，那么，我们说危机没有导致革命的产生，或者说通过社会各方博弈来摆脱危机的方式不是社会革命，而是起义、政变、军事入侵和战争等。如果危机产生了新质，不再在先前的均衡统治体系中循环，而是上升进入到新的均衡统治体系中去，那么，我们说危机引发了社会革命，并以此方式摆脱了危机。由此可见，危机不一定导致革命的产生，革命只是各方博弈很小概率的一个事件，大多时候历史还是在旧有的均衡统治体系内循环前进。或者说产生新质的社会临界点是很少的,大多时候历史还只能在旧有的均衡统治体系内缓慢地进化。我们在本章着重阐述危机产生后没有导致革命的各方博弈和化解危机的方式,对于导致革命的博弈我们放在下一章进行阐述。

我们知道,自从统一的社会分裂成统治阶级和被统治阶级后,阶级矛盾就成为必然,也是危机爆发的一个主要原因。既然存在着阶级矛盾,阶级斗争就不可避免,而且,贯穿有阶级的历史。马克思和恩格斯就在《共产党宣言》一文中指出:"至今一切社会的历史都是阶级斗争的历史。自由民和奴隶、贵族和平民、领主和农奴、行会师傅和帮工,一句话,压迫者和被压迫者,始终处于相互对立的地位,进行不断的、有时隐蔽有时公开的斗争,而每一次斗争的结局都是整个社会受到革命改造或者斗争的各阶级同归于尽。"[①]随着阶级矛盾的不断激化,阶级之间的斗争日趋激烈。当统治阶级的剥削和压迫超过了民众的生存底线,使得民众无法生存下去,受压迫的民众就奋起反抗。这就是奴隶起义或农民起义。被统治阶级通过起义的方式推翻残暴的统治,或者给予残暴的统治以沉重的打击,加速残暴统治者灭亡的步伐,从而推动危机的解决。这是一种自下而上解决危机的方式。不过,由于起义者只是想推翻某家某姓的统治,并不是想改变整个均衡统治体系,也无力改变整个均衡统治体系,因而,整个社会又只是回复到往昔的均衡统治中去了。这样,社会也就完成了一个轮回,历史也就在轮回中缓慢前进。

① 马克思恩格斯选集(第1卷).北京:人民出版社,1995:272.

下面我们就以古代中国为例加以说明之。

在中国古代社会,由于地主阶级及其专制国家对农民阶级实行残酷剥削和压迫,而且,这种剥削和压迫是世所罕见的,故而,中国几千年的古代社会不断爆发严重的社会危机,也就不断有农民起义和农民战争爆发,且爆发的次数和频率是世界其他国家所不能比拟的。可以说,中国古代农民起义是古代世界阶级斗争或者说阶级殊死博弈的典型。

中国古代第一个统一的中央集权帝国——秦帝国建立后,由于推行暴虐统治,社会很快陷入危机之中。走投无路的农民为了争取生存和温饱的权利,被迫举行起义。这就是中国历史上第一次农民起义,即陈胜、吴广起义。其后,几乎每一个朝代隔一段时间就有大的农民起义爆发,如汉末的赤眉、绿林起义及黄巾起义,隋末农民起义,唐末的黄巢起义,宋时的方腊起义,元末农民起义,明末农民起义以及清朝末期的太平天国运动,等等。这些农民起义大多推翻了残暴的统治,使整个社会摆脱了危机,而且,这也是当时社会摆脱危机的唯一出路。但是,这些起义也只是推翻了某一姓氏具体的残暴统治,而没有对作为制度性的均衡统治体系造成革命性的改变。相反,起义者不但没有改变集权均衡统治体系,反而在起义成功后沿袭、照搬了原有的那一套。这里我们以明末农民起义为例来具体说明。

像以往所有王朝在末期腐败黑暗一样,明王朝到了末期也是如此。整个社会政治腐败,社会黑暗,民众生存艰难,以至于出现"民相食"的悲惨景象。这时的明王朝已处于这样一种危机境地:农民阶级不愿像原来那样生活下去,而统治阶级也不能像先前那样统治下去。于是，为摆脱令人无法忍受的深重剥削，陕北地区首先爆发了农民起义。由于明王朝的压迫特别深重，一时间农民起义的烽火燃遍了陕西、河南等地。虽然明王朝派军队对农民起义进行镇压，不过收效甚微。起义的烽火越燃越旺，呈现出燎原之势。起义军不断给明王朝的军队以沉重打击，明王朝的军队节节败退。在这些起义大军中，以李自成为首的农民起义军是最强的，也是对明王朝造成威胁最大的一支起义部队。由于李自成的农民起义军对民众秋毫不犯，且每到一地都宣传“均田免粮”的主张，故而，李自成起义军深得民心，势力迅速增强。起义军攻城略地，势如破竹，明王朝很快就无法抵挡起义军的攻势。在这种形势下，李自成决定北上攻取北京，推翻明王朝的统治。1644 年，李自成兵临北京，灭亡了明王朝。随着李自成起义军消灭了旧的统治者，这在一定程度上缓和了阶级矛盾和阶级斗争，为重建原有的均衡统治体系奠定了一定的基础。

在推翻朱姓王朝统治的同时，李自成建立了一个自己的政权——大顺政权。李自成的农民政权和明王朝的政权没有什么区别，其机构设置一如历代王朝之旧制。也就是说，李自成试图建立一个李姓王朝。不仅如此，占领北京后，一些将士自认为大功告成，开始贪图享受，日子过得同明代的官僚一样。甚至一些高级将领开始强占美女，如刘宗敏霸占陈圆圆就是其中最为有名的一例。蔡美彪在研究中国古代的农民战争时指出，起义军的领袖不但开始称王称帝，设官分职，而且也照样向人民征收钱粮，他们只能以封建王朝的体制作为自己建立统治的蓝本。历代农民战争中建立的起义军政权，既有革命性，又有封建性。如果这个政权没有被官军消灭,而是推翻了旧的王朝,它所建立的也只能是一个新的封建王朝。[①] 应该说,蔡美彪对农民起义性质的分析还是比较准确的。明末农民起义虽然推翻了朱姓的天下,但并没有去动摇集权均衡统治体系的构架。李自成农民起义建立的一切正是他要推翻的朱姓王朝的一切。总之,通过对李自成农民起义这个典型的描述和分析,我们不难发现,农民起义改变的是某一人的统治,并不能改变集权均衡统治体系。它始终在原有均衡框架内进行周期性的循环振荡,最终还是回归原位。

从以上分析可知,农民起义并没有推动均衡统治体系革命性的转变,促进社会发展上一个新台阶,那么,农民起义为什么不能导致新的均衡统治体系的出现呢?我认为,最为关键的一点是,社会的经济基础没有发生根本的变革。自生产性经济产生以来的很长一段时间,自给性生产经济一直占据着统治地位,交换性经济始终屈于从属的地位。在自给性经济条件下,社会阶层分为基本的两大类,即地主阶级和农民阶级。地主阶级由于占有土地,掌握着社会大部分的财富,在社会上处于统治的地位。农民阶级几乎没有土地所有权,只能替地主打工,在社会生活中处于从属的地位。处于统治地位的地主阶级总是想法设法构建严密的均衡统治体系,以维护自己所获取的利益,而居于从属地位的农民阶级整天为生计疲于奔命,根本不可能去构建什么统治体系。即便有,也只是怀有一些在现实中

---

① 蔡美彪.对中国农民战争史讨论中几个问题的商榷.历史研究,1961(4).转引自:从文明起源到现代化——中国历史 25 讲.北京:人民出版社,2002:375—376.

很难实现的平均主义想法,而建构不了什么新的严密的统治体系。故而,农民起义成功后,只能效仿旧有的均衡统治体系。而只有当经济基础发生新的变化,即交换性经济占据主导地位,进而产生新的领导阶级后,整个均衡统治体系才会有革命性的变革。

虽然农民起义没有推动社会发展上一个新的台阶,不过,农民起义还是对残暴黑暗的专制统治和地主阶级的残酷剥削及压迫进行了沉重的打击,抑制了土地兼并的恶性膨胀,用暴力迫使专制王权和地主阶级对社会经济关系和政治制度进行一定程度的调整,或者说在原有的集权均衡统治体系内进行一定程度的调整,从而在一定程度上推动了社会生产力的进一步发展。我们还是以中国古代农民战争后的统治发生的变化为例加以说明之。

中国古代的农民起义,特别是大规模的农民起义,给后继的统治者以强烈的震撼,使他们吸取前朝的历史教训,在一定程度上减轻了对农民阶级的剥削与压迫,促进了生产的发展。秦朝"收泰半之赋"(《汉书·食货志》),"丁男被甲,丁女转输,苦不聊生"(《汉书·严安传》)。西汉建立后的前几十年里一直推行轻徭薄赋的政策,汉高祖刘邦时定田租为十五税一,文帝时减为三十税一,还一度免除了田租。汉初与民休息的政策使农民有一个比较宽松的环境从事生产,提高了广大农民的生产积极性。因此,到汉武帝即位时,社会经济得到了全面恢复和发展,国力大为增强。对此,《史记·平准书》记载道:"汉兴七十余年之间,国家无事,非遇水旱之灾,民则人给家足,都鄙廪庾皆满,而府库余货财。"可以说,通过秦末农民大起义对秦朝暴政的荡涤，才有了西汉的“文景之治”，也就有了汉武帝时期的强盛局面。同样，隋末农民大起义的历史教训给唐太宗留下了深刻的印象，他看到“隋主残暴，身死匹夫之手，率土苍生，罕闻嗟痛”，要君臣牢记“隋氏灭亡之事”（《贞观政要·政体》）。因而，唐初统治者“征敛赋役，务在宽简”（《旧唐书·食货志》）。这为“贞观之治”和盛唐雄风奠定了基础。

农民战争使地主阶级不能肆意兼并土地，抑制了封建大土地所有制的恶性膨胀，也打乱了原来的土地关系，使农民获得了一定的土地，使自耕农的小土地所有制重新获得了活力和发展，从而抑制了社会阶级矛盾的激化，也就不会产生新的农民起义。我们看到，每一次大规模的农民战争过后，都会出现大量无主的荒地。新的统治者为了恢复和发展农业生产，就调整土地政策，让无地农民耕种无主荒地，或者由国家把无主荒地分配给无地农民耕种。如东汉末年，黄巾起义和军阀混战相继，大量土地荒芜，“田无常主，民无常居”（《后汉书·仲长统列传》）。曹操就利用大量无主荒地推行屯田，其中就有民屯。民屯劳动者虽然最初带有国家佃农的性质，不过，当屯田制瓦解后，许多屯田民实际上也变成与一般自耕农没有差别的个体小农。再如明太祖朱元璋即位之初，即“令州郡人民先因兵燹遗下田土，他人开垦成熟者，听为己业”（《续文献通考》卷二《田赋二》）。同时，他还规定“复业人民，见今丁少而旧田多者，不许依前占护，止许尽力耕垦为业；见今丁多而旧田少者，有司于附近荒田验丁拨付”（《大明会典》卷十七《户部四》，《田土》）；“若兼并之家，多占田以为己业而转令贫民佃种者，罪之”（光绪《凤阳县志》卷十五）。可见，参加元末农民大起义的朱元璋，对广大农民要求有自己土地的愿望有深刻的印象，因而他在成为新的统治者之后，就把允许农民占耕无主土地和抑制土地兼并作为恢复和发展农业生产的一项重要措施。①

需要指出的是，一些反抗外来殖民统治的起义，如义和团运动和 1857 年的印度反英大起义，虽然都是反对外来殖民压迫，但它们在很大程度都不反对本国的专制统治，相反，还努力维护本国的专制统治。因而，这些起义都是维护原有体制的反抗运动，都不具有新质。即便有新质的东西，也只是局部的，而不是全局性的、系统性的改变。

与阶级矛盾引发农民起义并通过自下而上的农民起义来摆脱危机不同，政变一般是统治集团内部的博弈、斗争，并通过上层的政变来设法化解日益严峻的社会危机。翻开一部世界历史和中国历史，就时常能看到发生在各国的宫廷政变和统治内部的政变。这些政变或多或少是在日趋严重的社会危机逼迫下发生的，其目的是在原有均衡统治框架内争夺统治权力，化解日趋严峻的社会危机。这类政变往往不具有新质的东西，纯粹是统治阶层内部的矛盾斗争，并没有造成整个统治体系的改变。当然，历史不是纯粹的，还有一些革新性质和反动性质的政变，不过，它们不是本章要论述的。这些政变都不同程度地推动了历史的进步。下面我们就以中国历史上发生的辛酉政变为例加以说明之。

辛酉政变，亦称“祺祥政变”、“北京政变”，是一场发生在内忧外患的背景下的清朝宫廷权力之争。1860 年，对清朝政府来

① 从文明起源到现代化——中国历史 25 讲. 北京：人民出版社，2002：373.

说是个内外交困的年份。在国内，太平天国农民起义军的战火燃遍了长江中下游地区，清军与之作战胜少败多。同时，外又面临英法联军的入侵。这年 9 月，英法联军逼近北京，并最终攻占了北京。咸丰皇帝不得不逃亡到热河，由恭亲王奕䜣留下来议和。1861 年，咸丰皇帝病死热河，遗诏载垣、端华、肃顺等八人辅佐其子载淳，而将恭亲王奕䜣、皇后钮钴氏和懿贵妃叶赫那拉氏排斥在最高权力之外。载垣等八大臣屡劝皇帝迟迟不回北京，并与在北京主持对外事务的奕䜣对抗。而奕䜣在得到英法的支持后，到承德与那拉氏密谋策划发动政变事宜。两人都不满载垣等八大臣一手遮天，都深知要参与最高决策权，需要有对方的支持，于是，两人一拍即合。1861 年 11 月，回北京后，那拉氏等立即发动政变，处死了载垣、端华、肃顺等人，惩处和罢免了一批反对派官僚，建立了同治政府。此即辛酉政变。

辛酉政变产生的同治政府是以维护原有的专制统治秩序为主旨，其最高掌权者慈禧太后是顽固的封建守旧派，没有丝毫的革新观念。在她执掌大权期间，一直是依靠两种政治力量来维护其统治的，即顽固守旧派和洋务派。前者极力维护腐朽的专制制度，在他们看来，任何与专制制度相悖的变革都是不可饶恕的。后者虽主张“学习西洋”、以“洋人为师”，但只是从专制统治和抵御外侮的需要出发，去学习一些外国的先进技术，而反对学习外国的政治制度。他们在与洋人打交道的时候是一味地妥协退让，只要列强承认其专制统治都可以与之友好相处。他们也是满脑子充斥专制思想，充其量是那拉氏与洋人打交道的工具。由此可见，辛酉政变是典型的皇族内部的斗争，是清朝最高统治阶层内部为争夺权力、化解统治危机而进行的激烈斗争，它不具有任何革新和改良的性质。

辛酉政变后，清朝政府就和各国列强迅速勾结起来，在苏浙沪地区出现了外国人的洋枪队，协同湘军、淮军对太平天国运动进行残酷的镇压。最终太平天国运动被中外联合势力所绞杀，从而暂时挽救了清朝的危机。同时，辛酉政变产生的同治政府改变了咸丰朝时动摇不定的举措，坚定地推行主和政策。这不仅是现实政治的需要，更为值得重视的是仇视外国人的态度的改变，为西方文化的输入创造了有利的社会环境，中国封闭的大门被打开之后，从心理上开始了现代化的过程。[①]

法国大革命时期的热月政变也是统治阶级为化解统治危机而进行的激烈斗争，只不过这个统治阶级不是皇亲贵族，而是新兴的资产阶级。下面我们来看下热月政变。

1793 年，雅各宾派上台，掌握了法兰西第一共和国的政权。由于雅各宾派一上台就面临异常严峻的国内外形势，便采取一系列恐怖统治措施。这些恐怖措施的实施强有力地挫败了国内的反叛力量和国外的干涉势力，挽救了法国革命。但在局势缓和后，雅各宾派没有终止恐怖统治，也没有恢复和建立正常的统治秩序，反而继续实施恐怖统治，甚至规定法庭仅凭推理就可以定罪，而且所有的刑罚简化为死刑。与此同时，随着国内外形势的好转，雅各宾派内部意见分歧日益尖锐，出现了主张加强恐怖政策的埃贝尔派和主张实行“宽容”政策的丹东派。对这些持不同见解的革命家和政治派别，罗伯斯庇尔像对待敌

① 梁玉国.辛酉政变对晚清政治格局的影响.安徽史学，1998(4).

人一样采取了残暴的手段加以镇压。罗伯斯庇尔的恐怖统治，特别是人人自危的暴虐做法削弱了自己的统治基础，使自己在国民公会中完全陷入孤立的境地。1794 年雾月 9 日，罗伯斯庇尔前往国民公会，结果两度被打断发言。会上开始出现“打倒暴君”的呼声，并通过了逮捕罗伯斯庇尔等人的决议。这就是法国大革命史上的“雾月政变”。热月政变结束了恐怖统治，但这并不是政权易手，共和国的政权并未被封建专制势力掌握，而是被代表大资产阶级利益的热月党人所掌握。换句话说，新的均衡统治体系并没有发生大的改变，还是基本保持原有的样式。事实上，热月党人掌权后，采取了一系列措施来维护共和制及革命成果，恢复和建立资本主义正常的统治秩序。由此可见，热月政变只是资产阶级统治内部的博弈、斗争，并没有改变整个统治体系。

需要指出的是，在集权均衡统治体系下，摆脱危机的使命更多的是通过自下而上的农民起义，而在分权均衡统治体系下，摆脱危机的出路更多的是通过统治集团内部的政变来完成。如非洲国家独立后有 40 多个国家发生政变，在 1952—1985 年共发生政变 250 次。这是一个非常有趣的现象。究其原因，我以为还在于权力的归属性上不同。在集权均衡统治体系下，权力属于君主一人，天下与臣民都要匍匐于他脚下。既然如此，压迫与剥削民众是正常的、必然的。这往往会引发民众的反抗。而在分权均衡统治体系下，权力属于人民，人民可以通过选举罢免统治者。故而，很少出现民众起义。

危机除引发农民起义和政变外，还会导致外族的军事入侵。当一个国家陷入危机，各方力量处于胶着状态时，外族的入侵往往会打破这种僵局，从而推动危机的解决，使社会基本回复到原先的均衡状态中去。这种事例在古代世界是比比皆是，如波斯帝国的灭亡、西罗马帝国的覆灭、拜占庭帝国的灭亡等。下面来看下西罗马帝国的覆灭。

公元4世纪后，罗马帝国陷入了前所未有的危机中。由于上层统治者内部纷争不断，使得帝国分裂成为不可避免的事，这造成统治力量的削弱。民众由于深受赋税剥削而进一步贫困化，生活非常艰难。总之，政局的混乱和剥削的加重，民众与上层统治者的矛盾不断激化，在罗马帝国内形成了规模较大的地方性反抗运动。其中发生在高卢的巴高达运动和北非的阿哥尼斯特运动是规模较大、持续时间较长、对罗马帝国打击较重的反抗运动。起义军虽然也曾占领了一些地区，并对一些贵族势力进行了打击，但最终还是因罗马军队的残酷镇压而失败了。不过，这些反抗运动沉重地打击了罗马统治者。正是在这样的背景下，4世纪末5世纪初，“蛮族”——日耳曼人开始入侵罗马帝国。西哥特人作为日耳曼人的一支，早已进入罗马帝国定居。当他们看到帝国的分裂之势，就开始攻掠巴尔干半岛各地。公元410年，西哥特人攻占罗马。随后，转战高卢和西班牙，并在西班牙建立了西哥特王国。这是罗马帝国境内的第一个“蛮族”国家。与此同时，日耳曼人开始从帝国北部大规模入侵，而罗马帝国根本就无力作出像样的抵抗，罗马于455年再次陷落。到5世纪中叶，西部帝国的大部分地区都被“蛮族”侵占，成为日耳曼人的势力范围。西罗马帝国这时实际上已处于名存实亡的境地。476年，西罗马帝国末代皇帝被日耳曼雇佣军首领废除，西罗马帝国正式宣告灭亡。而随着西罗马帝国的灭亡,“蛮族”国家的建立,原先的危机逐渐地平息下去,社会开始进入了一个均衡的状态中。

拜占庭帝国的灭亡也是如此。自 12 世纪以来,拜占庭帝国的国力渐趋衰微,领土日蹙。面对塞尔柱突厥人的进攻,它不得不求助于罗马教皇和西欧封建主的支援。但是,十字军的到来并没有挽救它,反而对其生存构成了新的威胁,十字军居然掉头攻占了君士坦丁堡。虽然帝国在热那亚的帮助下复了国,但复国后的帝国不仅由于农业生产的破坏和商业贸易的衰退而导致国力大损,而且,政治腐败,内战不断,使本已有限的国力损失殆尽。与此同时,封建主和富商不断加重对民众的剥削,导致社会矛盾日趋尖锐,最终在帖撒罗尼卡爆发了“吉洛特”(意为“人民之友”)起义,建立了城市共和国。国力虚弱的拜占庭帝国不惜向奥斯曼土耳其乞援,把起义镇压了下去。但是,危机重重的拜占庭帝国很快成为奥斯曼土耳其的盘中餐。奥斯曼土耳其先是夺占了拜占庭帝国在小亚细亚的领土,随后,又侵占了巴尔干地区,阻断了它与欧洲的陆上联系。1453 年,奥斯曼土耳其攻占君士坦丁堡,灭亡了拜占庭帝国。至此,一轮危机宣告结束。

危机还会引发国家之间的战争。如第一次世界大战,是由于欧洲列强经济政治发展不平衡而导致各国实力对比发生重大改变,由此各国矛盾日趋尖锐而导致的。1914 年,奥匈帝国皇储被塞尔维亚人刺杀死,成为导致第一次世界大战爆发的导火线。史称萨拉热窝事件。萨拉热窝事件后,缔结军事同盟条约的各国都迅速开始军事总动员,并拒绝一切调解。鉴于各国的强硬外交和对国家军事力量的自骄,战争已无可避免。战火首先在欧洲大陆燃烧起来,随后蔓延至亚非地区,其中欧洲大陆的西线战场是具有决定性的战场。德国和英法在西线进行激烈的交战,并很快进入阵地战僵持状态,双方都很难有大的进展。在东线,德奥虽然击败俄国多次,但并未达到迫使它退出战争的目的。随着美国加入协约国和苏俄退出战争,战争的天平开始向协约国倾斜。到 1918 年,协约国开始向同盟国发动总反攻,奥匈帝国很快瓦解并无条件投降;德国也发出停战照会,并签订了停战协定。这标志第一次世界大战的结束,也宣告一轮世界性危机的结束。第一次世界大战进一步推动了世界一体化的进程,促进了亚非民族的觉醒,建立了协调各国利益的国际组织——国际联盟。需要指出的是,第一次世界大战虽然主观上并未要改变交战国的统治方式,但它在客观上造成了一些国家的毁灭和新生,并建立起新的均衡统治方式。不过,总体上没有改变分权均衡统治方式占统治地位的状况。

第五章　革命是对危机的特殊反应

当危机来临时，历史在没有新的推动力量的作用下，它只能在原有的均衡统治体系内作循环运动，并缓步向前进化。也即危机没有导致革命的发生。这个我们在前面已经论述过了。但是，不是所有的危机都指向原先的均衡统治体系，历史也不会永远在旧有的均衡统治体系作无限的循环运动，否则，与我们观察到的历史事实不相符，这个命题也就成为一个虚假的陈述。我们看到的历史是这样的：历史在旧有的均衡统治体系内反反复复循环了较长的一段时间后，当危机产生后有新的推动力量出现时，它会以一种前所未有的方式并不可逆转地向新的、更好的、更平等的均衡统治体系跃升，推动历史作跨越式的发展，使社会发展整体上一个台阶。这就是所谓的历史在跳跃，或者说在跃升，它是相对于历史原地踏步式的前进而言的。这或者也可以这么表述，当且仅当社会危机引发的博弈不限于在原有的均衡统治体系内循环时，而是在新的推动力量的作用下，它就会上升至新的均衡统治体系，那么，我们就说历史发生了跃迁，进入了突变阶段。这有点类似于电子受到电子射线的攻击时，它会吸收能量向高能轨道跃升一样。只有当危机后历史发生跃升，我们才可以说危机导致了革命的发生。也就是说，革命是对危机的特殊反应。

诚如上面所言，不是所有的社会危机都会导致历史的跃升，也不是任何危机都会导致革命的发生。否则，历史总是处于亢奋之中，无法进入正常的社会秩序来建设向着平等进发的社会，不利于社会的发展和进步。因而，发生历史跃升的临界点是非常少的。确切地说，历史上曾出现过两次历史的跃迁。也就是说产生新质的历史临界点只有两个。这里我们简要地说下两次历史跃升。第一次历史跃升是出现在攫取性经济过渡到生产性经济的时候，平等的均衡体系逐渐被不平等的均衡统治体系所取代。第二次是在自给性生产经济被交换性生产经济取代的时候，弱不平等状态下的分权统治体系取代了强不平等状态下的集权统治体系。虽然整个历史发展过程中出现过两个历史的临界点，但是它们对于社会发展和进步的作用是巨大的，是无可比拟的，就如同原子弹达到爆炸临界点后，它才会发生超强的爆炸一样。假如没有历史的临界点，历史就不会产生爆炸性的飞跃，就只能在原有的均衡统治体系内徘徊。即便不在原有的均衡体系内循环，那它至少在很大程度上延缓了社会的进步和发展，时间恐怕要以百年来计算了。这对历史来说是一个极其沉重的代价。

但是，我们注意到，第一次历史跃升发生时，是通过一种准革命的方式来完成的，而在第二次历史跃升时则是通过革命的方式来完成的。下面我们将仔细考察这两次历史跃升，探讨革命产生的条件。

第一次历史跃升是出现在攫取性经济过渡到生产性经济的时候。众所周知,人类社会一开始并没有生产性经济,只有以采集、渔猎为主的攫取性经济。这种攫取性经济的特点是人们没有占有一定的生产资料,并且完全依赖大自然的赐予,大自然给予多少就是多少,根本不可能进行所谓的扩大再生产。这种攫取性经济延续了数百万年,到公元前 9000 年,才被生产性经济所取代。在这一时期,不仅出现了原始农业,也出现了原始畜牧业。这被史家称为“农业革命”。农业革命标志着人类社会开始“从靠现成天然产物为生转向利用天然产物,使之增产”。[①] 并且,随着农业生产的日益专门化,畜牧业逐渐从农业中分离出来。这便是人类社会第一次社会大分工。随着农业和畜牧业的进一步发展,手工业也越来越专门化,导致手工业和农业分离。这是人类社会第二次社会大分工。总之,人类社会从非生产性经济转入到生产性经济,以及社会分工的出现,标志着人类社会的经济基础发生了重大转变。

生产性经济的出现或者说原始农业和原始畜牧业的出现,最直接也影响最为深远的一个结果是导致了私有制和阶级的产生。在农业革命以前,由于生产力水平低下,没有剩余产品,不存在私有财产,也没有私有观念。人们共同劳动,共同消费,财产集体所有。农业革命以后,生产力的提高,剩余产品的出现,使剥削成为可能,从而导致了私有制的出现。私有制的出现又导致阶级的产生,社会开始分为主人和奴隶、剥削者和被

① 史仲文,胡晓林.新编世界科技史(上).北京:中国国际广播出版社,1996:32—33.

剥削者两个阶级。这是人类历史上第一次出现了阶级，标志着社会开始陷入大分裂之中。由于不同的阶级为了剩余产品而争斗不休，这也宣告了危机的产生。社会需要新的统治体系来摆脱危机，而国家就应运而生，承担起新条件下摆脱危机、治理社会的需要。总之，私有制和阶级的产生标志着从平等、无剥削的社会跨入到有剥削、不平等的社会，也使得治理社会的体系从无暴力的氏族体系和酋邦体系开始过渡到使用暴力的国家体系。而这就是人类历史上的第一次历史跃升。

不过，我们通常却不认为在这次历史跃迁过程中产生了革命，也就是说从无暴力的氏族体系和酋邦体系上升到使用暴力的国家体系的过程中没有出现以革命的方式来摆脱危机。这是为什么呢？我认为历史跃升过程中产生革命，除经济基础发生重大变革外，还要产生一个由经济基础决定、代表历史发展方向并占统治地位的阶级。这个由经济基础决定的统治阶级是什么意思呢？是指每一个历史时期有自己占有统治地位的阶级，什么样的经济基础就会产生什么样的统治阶级。生产性经济没有出现前就没有阶级，而当自给性生产经济出现后，谁占有土地谁就是统治阶级，谁就是代表历史发展方向的阶级，不占有土地的阶级永远不会成为统治阶级。作为在氏族体系和酋邦体系向国家体系演变过程中出现的新阶级，它获取统治地位只是一个自然演变的过程。因为它代表经济基础的发展方向，同时并没有什么旧有的阶级阻碍它发展。因为这之前不存在阶级，也就没有阶级可以让它革命。故而，虽然发生了历史跃升，但没有出现革命，而是以一种准革命的方式摆脱了危机。

第二次历史跃升是在自给性生产经济被交换性生产经济取代的时候。这次历史跃升和第一次历史跃升最大的区别是，它通过革命的方式使均衡统治体系发生了重大变革。那么，这次历史跃升过程中为什么会出现革命呢？或者说，具备了什么条件才使得革命得以发生呢？

很明显的一点是经济基础发生了重大变化，这是最根本的，也是革命发生的充分条件。对于这点，我们曾在前面已有零散的论述。在这里我们较系统、较全面地再加以论述下。

虽然交换性生产经济一直以来就存在着，甚至在有些地方交换性经济还是占主导地位的经济，譬如古希腊地区不仅工商业经济空前繁荣，而且，农业也已成为市场农业，但是，从世界范围来看，交换性经济在古代并不占主导地位，占主导地位的依然是自给性经济，交换性经济还只能从属于自给性经济。当历史跨过 1500 年，西欧人完成了地理大发现，使原先处于闭塞状态的世界开始建立直接的联系。这意味着世界经济将发生重大的转折，即从自给性经济阶段发展至交换性经济阶段。首先，商品交换范围和规模的扩大。欧洲那时已不仅局限于和亚洲的国家发生贸易往来，而且，还与非洲和美洲开展贸易往来。而且，由于贸易往来还伴随着殖民掠夺，这刺激了欧洲人进一步去开拓海外市场。他们成立海外贸易垄断公司，以此开展贸易往来。由此，一个全球性的商品市场正逐步形成。其次，由于巨大的海外市场的刺激，以满足自身需要的生产方式逐渐让位于面向市场和以利润为导向的生产方式，或者说是资本主义生产方式。最显著的是资本主义性质的手工工场得到了迅速的发展。以英国呢绒工业为例，早在 14 世纪，呢绒工业就是英国的“民族工业”。进入16世纪，呢绒业手工工场在英国比比皆是，并已占据主导地位，而行会手工业普遍衰落，已处于无足轻重的地位。到了17世纪，英国呢绒工业成为世界市场上首屈一指的行业。再如法国是18世纪欧洲大陆上手工工场最为发达的国家。1720—1789年，法国外贸出口额由1.7亿锂增长至4.8亿锂，进口额由0.8亿锂增至5.8亿锂。在出口商品中，工业品约占60%。[①]

一个新的阶级的产生，是革命产生的必要条件。没有新的领导阶级，革命是永远不会产生的，社会永远只会在旧世界里徘徊。资产阶级就是这样一个诞生在旧世界里的新兴领导阶级，它的出现推动了均衡统治体系的变革。

商业贸易和手工工场的发展，催生出了资产阶级和资产阶级化的贵族。不过，这一时期的资产阶级还不是工业资产阶级，主要还是些商人。处于商人最上层的是金融资产阶级和奴隶贩子。金融资产阶级由包税人和银行家组成，他们与王室有着密切的关系。由于和王室存在密切的关系，他们的地位比较显赫。也因此，他们成为整个资产阶级的代言人和领导者。同时，也由于与王室和贵族有联系，对国家政治有较多的了解。因而，当他们与王室关系破裂，反抗专制统治时，就能起到先行和领导的作用。奴隶贩子虽然富有，但不及金融资产阶级那么有声望。作为资产阶级主体的工商业者，也是社会上的富有者。他们往来各地从事工商业活动，不仅要受到地方大贵族的压榨，而且又要因为割据势力阻碍商品流通而负担过重的过路

① 刘宗绪.世界近代史.北京:北京师范大学出版社,2004:19.

税收。因而,就会在反封建斗争中比金融资产阶级更为激进。总之,作为新兴的领导阶级——资产阶级是当时唯一能领导民众反封建斗争的阶级,他们的目的是争取经济自由和政治平等,废除王权专制统治以及取缔一切特权。除资产阶级外,还有一批资产阶级化贵族,他们也和资产阶级站在同一个战壕里。这些资产阶级化的贵族大多由旧贵族转化而来,他们在金钱的诱惑下,不惜降低自己的身份,去从事所谓"卑贱"的工商业。这些资产阶级化的贵族本质上是资产阶级,因为他们和资产阶级赚取利润的目的是一致的。同时,这些资产阶级化的贵族又要承担效忠王权的义务,对他们从事工商业造成了种种限制。因而,这些资产阶级化的贵族往往不满专制统治,成为一支和资产阶级一样的反封建的力量。并且,由于他们有着贵族的身份和地位,因而,他们在社会上有着巨大的影响力和号召力。资产阶级在很大程度上需要和这些资产阶级化的贵族结成联盟,才能发动一场革命来推翻专制统治。不过,资产阶级化的贵族一般难以接受更为激进的主张,这与资产阶级上层的态度相一致。在早期的资产阶级革命中,在发动革命和初期的斗争中,他们一般起到带头和领导的作用。而且,在他们的带领下,革命的目标一般都能达到和完成。综上所述,工商业的发展导致新兴资产阶级的出现,而它的出现为发动革命奠定了坚实的阶级基础。也正因为有了革命的领导阶级,才使得革命成为有可能,也才能成功。

除此之外,革命还需要在思想和舆论上作准备。这也是革命产生的重要条件。如果没有反映资产阶级意识形态的思想的提出,还是沿用旧有的占统治地位的思想,就不可能有革命的产生。如果不能把这些新思想向各个阶层做宣传,为民众接受,那么,革命同样也不能发生。文艺复兴和启蒙运动就是资产阶级为夺取政治、经济上的统治地位而作的思想上的准备。如果说文艺复兴所反对的是天主教神学思想,所追求的是现世的幸福的话,那么,启蒙运动所反对的是封建专制主义,所追求的是自由平等。①

文艺复兴是 14 世纪中叶到 17 世纪发生在欧洲的思想解放运动。这场思想解放运动发源于意大利,15 世纪后,逐渐传播到德国、英国、法国和尼德兰等其他西欧国家。这场思想解放运动与资本主义性质的工商业经济开始在欧洲发展起来有密切的关系,特别是意大利地处地中海中部地区,恰好处于东西方贸易的枢纽地带,资本主义性质的经济非常活跃,因而,也成了这场思想解放运动的滥觞之地。文艺复兴,从表面上看,是为了复兴古希腊和罗马文化,但实际上它并不是对古典文化的简单模仿,而是在这些以人为本的古典思想文化,掺入了在商品交换基础上产生的市民观念,形成了一种新的人文主义精神。究其本质,是早期新兴资产阶级反封建斗争在意识形态上的反映。文艺复兴意义在于,它重视人的价值和尊严,肯定现实人生和世俗生活,尊重理性。概而言之,就是对人本身的高度肯定。这是对以"神"为中心的世界观的一次根本性的否定,把人们从中世纪基督教神学的桎梏下解放出来,从而使资产阶级在它的指引下创造出近代资本主义世界。总之,文艺复兴是一场适应时代需要、促进当时社会发展的思想解放运动,为以

① 吴于廑,齐世荣.世界史·近代史编(上卷).北京:高等教育出版社,2011:157.

后的思想进步扫清了道路。

启蒙运动是继文艺复兴之后的第二次思想解放运动，它发轫于英国，而后发展到法国、德国，波及荷兰、意大利等国，乃至北美，形成为国际性的强大思潮。不过，其中“18 世纪法国启蒙运动的声势最大，成就最高，影响最深，是欧洲启蒙运动的高潮和中心”。[①] 启蒙运动是资产阶级反封建专制制度必然的要求。十七八世纪，西欧的资产阶级力量日益强大，但是封建专制制度阻碍了其进一步的发展。为此，它必然要推翻专制统治，而启蒙运动为资产阶级革命提供了锐利的思想武器。同时，自然科学的发展，为启蒙运动提供了理性这一重要理论武器。启蒙思想家正是借助于理性这一新的批判武器，从政治、宗教等各个领域反对封建专制思想。政治上，他们反对专制王权和特权等级制度，宣扬“天赋人权”和“主权在民”。如伏尔泰提出以“君主立宪制”取代君主专制，孟德斯鸠主张建立“三权分立”的政治制度，而卢梭倡导“社会契约论”和“人民主权”说，这些理论主张无一不是对专制王权和特权等级制度的彻底否定，都要求建立一个自由平等的共和国。宗教上，他们用理性对抗宗教迷信，严厉无情地批判神学，摧毁了天主教权威，同时，主张宗教信仰自由，反对政教合一。文化上，主张传播科学知识以启迪民智，反对迷信和愚昧。总之，启蒙思想家有力地批判了封建专制制度及其精神支柱天主教会，为即将到来的法国大革命作了充分的思想准备。需要说的是，启蒙运动的“天赋人权”、“三权分立”、“主权在民”、“自由”、“民主”、“平等”等思想还陆

① 郭继兰. 信仰、自由与理性——英法启蒙运动的比较. 理论界，2009(4).

续传播到世界各地，形成了强大的社会思潮，动摇了专制统治的思想基础，进而掀起了世界范围内的革命浪潮。

总之，革命的产生有诸多严格的条件限制，不具备这些条件就不可能产生革命。而具备了这些条件，革命就能发生，历史才会发生跃升。由于革命的产生有诸多条件限制，因而，在历史上仅仅发生过一次革命，唯一的一次。这就是最早在欧洲产生并席卷整个世界的所谓的资产阶级革命。

正如上面所言，欧洲地区最先具备产生革命的条件，而且，欧洲地区的旧制度也发生了严重的危机，加之，欧洲也是专制统治这一环节的薄弱点，不像其他地区专制统治历史悠久，统治体系比较严密。因而，历史选择了欧洲地区作为革命的突破点，作为旧的均衡体系的突破点。

相对于起义等是区域性的缓慢变革力量不同，革命是世界性的，因而，革命有个发展过程，不是各地区同时爆发的，而是一波一波的。革命最早在尼德兰和英国爆发。作为世界第一波次的革命——尼德兰革命和英国革命，一个产生在16世纪，一个发生在17世纪。我们知道，16世纪，尼德兰地区的资本主义因素已经得到迅速发展，但是，西班牙专制统治却限制了尼德兰工商业的发展，损害了资产阶级和新贵族的利益。1566年，以奥兰治亲王威廉为首的贵族激进派组成“贵族同盟”向西班牙政府请愿，却遭到拒绝。于是，被激怒的尼德兰民众发动了席卷全尼德兰地区的“破坏圣像运动”，他们捣毁了400多座天主教教堂。这场运动揭开了尼德兰革命的序幕，也拉开了世界近代资产阶级革命的序幕。革命遭到了西班牙政府的严厉镇压，却激起了更大规模的反抗斗争。1572年，北方各省普遍爆发了武装起义，荷兰、西兰两省率先宣布脱离西班牙统治，建立了自己的政权。奥兰治亲王威廉被推举为两省总督。到1573年底，北方其他省也摆脱了西班牙的统治，宣布独立。不过，南方各省由于种种原因，最后还是屈服于西班牙的统治。1581年，北方七省正式宣布建立独立的联省共和国，即荷兰共和国。由于西班牙国力衰退，加之英国的牵制，它无力扼杀这个新生的共和国，于1609年签署停战协定，事实上承认了荷兰共和国的独立。1648年，荷兰共和国得到国际承认。至此，尼德兰革命彻底胜利。它是人类历史上第一次成功的资产阶级革命。

英国革命以议会和国王对抗的形式展开。进入17世纪，英国议会中的许多席位已被资产阶级和新贵族所占据，他们反对国王不经议会同意而任意征税，而查理一世对此非常恼怒，并解散了议会。但是，苏格兰人的起义使查理一世不得不于1640年召开已中断11年的议会，而这标志着英国资产阶级革命的开始。由于议会得到中下层民众的支持，初步地确立了议会是国家最高权力机关的原则。但是，查理一世不甘心失去自己的统治权力，逃到封建势力较强的北方，准备讨伐议会。这样，在1642—1646年和1648年爆发了两次内战，最终王党的军队被击败，查理一世被推上断头台。同时，英国宣布废除君主制，建立英吉利共和国，革命发展到了高峰。随着克伦威尔的去世，1660年，斯图亚特王朝复辟了自己的统治。由于詹姆士二世准备恢复天主教，这与资产阶级和新贵族矛盾空前激化。1688年，英国议会发动宫廷政变，即“光荣革命”，推翻了复辟的斯图亚特王朝专制统治者，建立了君主立宪制国家——虚君共和国。至此,英国资产阶级革命宣告结束。

考察这两次革命,虽各有特点,但也有共同之处。首先,两者都是由于专制统治的横征暴敛对资本主义工商业造成了极大的破坏,损害了资产阶级和新贵族的利益,最终激起他们的反对,并领导民众起来反抗。在尼德兰地区,革命的领导者是奥兰治亲王威廉,很明显,他是个贵族。他组织建立军队,领导群众起义。尼德兰许多城市的起义胜利都是在内部民众的发动和奥兰治亲王军队的外部策应下取得的。在英国,克伦威尔是事实上的革命领导者,他是中等贵族和资产阶级利益的代表,极力要求改组议会军,并最终建立了一支由自耕农和手工业者组成的"新模范军"。这支军队在与王党军队的作战中战无不胜,攻无不克,并最终占领了王党的大本营牛津。其次,这两次革命都没有受到外来的干涉。由于尼德兰革命通过民族解放战争的形式来完成的,它披着反对外来统治者的外衣,使得欧洲大陆的君主很难识别这是在反对谁,也即这不易被外界看做是反对君主专制。相反,由于是反对外来统治者,尼德兰的革命者还跑到德国寻求外援,而外界的君主也接纳了这些流亡的革命者。而英国革命虽是通过阶级斗争的形式来完成的,它很鲜明地反对王权专制统治,但是,它是个岛国,与欧洲大陆隔海相望,即便欧洲大陆的君主国想干涉,也干涉不了,只有看着他们轰轰烈烈反对王权专制统治者。而这也确保了这两次最初的革命能获得胜利。再次,这两次革命都获得了胜利,但也烙上了鲜明的妥协的印记。尼德兰革命虽然由于贵族和部分资产阶级害怕群众运动而一度与西班牙妥协,不过,由于西班牙专制统治者不愿妥协,残酷镇压贵族和民众,最终再度激起资产阶级和民众的反抗,结果是整个北方基本上摆脱了西班牙的专制统治。而在南方,由于当地金融资产阶级和西班牙的关系密切,很快与西班牙妥协了。在英国,16—17 世纪英国工业仍处于手工工场阶段。而且,直到 17 世纪初,英国全国的经济基础仍是农业。即使是工业,主要来源也来源于农业,而工业品也主要是为了农民直接消费。[①] 也就是说,建立在雇佣劳动生产基础上的经济,或者说资本主义经济的总体实力还是不够强大,资产阶级力量还比较弱小,这就决定了资产阶级不可能在这个时间段居于主导地位并独立领导革命。它必然要和新贵族结成联盟。同时,新贵族无论在政治经验,还是组织能力上都比资产阶级强,因而在同盟中占据主导地位。不过,由于新贵族脱胎于封建贵族,因而不可避免地带有封建特性,虽然也主张发展资本主义经济,但是对保留王权带有更多的妥协性。最终,几经反复,最终选择了保留受限王权,建立了君主立宪制。

当历史跨入 18 世纪,更大规模、更猛烈,在意义更为深远的革命在大西洋两岸爆发了。这就是北美的独立战争和法国大革命。与尼德兰和英国这两次“孤立”的革命相比,北美独立战争和法国大革命已经烙上了“国际化”的印记——无论从革命的整个过程还是它们的影响来看,都明显印证了这一点。这在下面都有论述。此外,革命都比较激烈,比较彻底,对封建专制势力打击比较沉重。很有意思的是,最初的尼德兰革命和英国革命分别是以民族解放战争的形式和阶级斗争的形式来完

① 吴于廑,齐世荣.世界史·近代史编(上卷).北京:高等教育出版社,2011:76.

成的，而 18 世纪的这两次革命也分别以民族解放战争的形式和阶级斗争的形式来完成的。这真是个历史的巧合。

随着英法战争的结束，英国改变了对北美殖民地的宽容政策，开始把新的压迫加诸北美殖民地，并且，用高压手段对付殖民地民众的反抗。1774 年 9 月至 10 月召开的第一届大陆会议要求英国取消对殖民地的 5 项高压法令，但是，英国并未接受大陆会议的要求，反而准备以武力来镇压殖民地的反抗。1775 年，英军和列克星敦的民兵组织发生武装冲突，北美独立战争的第一枪打响了。这标志着北美独立战争的序幕拉开了。在 1776 年，第二届大陆会议召开并通过《独立宣言》，它宣告北美殖民地正式脱离英国，成为独立的国家。与此同时，殖民地民兵组建成大陆军，在华盛顿的统一指挥下，怀着必胜的信念与英军作战。1777 年 10 月，英军在萨拉托加被围，被迫投降。萨拉托加大捷是美国独立战争的转折点，它不仅鼓舞了美国民众，而且还提高了国际威望，争取了法国等国际盟友的支持。至此，战局开始朝着有利于美国的方向发展。1781 年，法美联军把英军围困在约克敦，并迫使其投降。这标志着北美战事基本结束。1783 年，英美签署《巴黎和约》，英国正式承认美国独立。北美独立战争是继 17 世纪英国资产阶级革命后的又一场资产阶级民主革命，它推动了拉美独立运动的发展，也直接影响了法国大革命。对此，马克思曾说道："18 世纪美国独立战争给欧洲中等阶级敲起了警钟。"①

法国大革命是世界上"最为激烈，跌宕起伏最大，所产生的

① 马克思恩格斯选集(第 2 卷). 北京：人民出版社，1995：101.

影响也最广泛”的资产阶级革命，将世界资产阶级革命运动推向了顶峰。[①] 18 世纪的法国政治黑暗，国家财政濒临崩溃，封建专制制度陷入了全面的危机之中。同时，资本主义关系的迅猛发展加剧了同封建专制的矛盾冲突，资产阶级要求平等参政，而专制王权只想在财政上依靠资产阶级，却并不想放权给他们。1789 年，三级会议召开，第三等级的代表一开始就与王权及特权代表发生冲突。第三等级代表自行组成国民议会，不久，又改名为制宪议会，决心制定出宪法并加以实施。面对迅速发展的革命形势，路易十六暗中调动军队镇压革命的民众。但是，腐朽的专制制度在革命民众面前不堪一击，革命民众很快就控制了巴黎，并占领了象征旧制度的巴士底狱。这标志着法国大革命的开始。革命初期，君主立宪派取得政权。但是，路易十六不甘心失去统治权，乔装出逃，企图勾结外国力量扑灭革命，中途被识破押回巴黎。但是，路易十六并没有被废除掉。1792 年，在路易十六的提议下，法国向扬言武装干涉法国革命的奥地利宣战。从此，法国革命成了欧洲的革命。战争初期，法国节节败退。巴黎民众为拯救新生的革命政权，再次起义，推翻君主立宪派统治，逮捕路易十六，并将吉伦特派推上统治舞台，成立了法兰西共和国。在吉伦特派的领导下，革命民众打败了进犯的外国干涉军，并将路易十六送上了断头台。到了 1793 年，法国的局势再次恶化，以英国为首的反法联盟开始侵入法国。在革命处于危急的时刻，巴黎民众发动第三次起义，推翻吉伦特派的统治，建立起雅各宾派专政。雅各宾派废

---

① 王斯德. 世界通史(第二编). 上海：华东师范大学出版社，2009:49.

除封建土地所有制，实行革命的恐怖统治，并粉碎了欧洲君主国家的武装干涉。但是，雅各宾派的恐怖政策很快使自己陷入孤立的境地。反罗伯斯庇尔的各派力量联合发动了政变，逮捕了罗伯斯庇尔等人，热月党人开始统治，并成立了督政府。督政府在国内采取了一系列措施维护了革命成果，但国外反革命力量依然力图进犯法国，扑灭法国革命。在这种情况下，拿破仑登上了统治舞台，他通过雾月政变建立起执政府，担负起扫荡欧洲封建势力、最后巩固大革命成果的重任。法国大革命摧毁了法国封建专制制度，也沉重打击了欧洲其他国家的封建专制制度，并影响了 19 世纪上半叶的欧洲资产阶级革命运动和拉美民族解放运动。这正如马克思所言："1648 年革命和 1789 年革命，并不是英国的革命和法国的革命；这是欧洲范围的革命。它们不是社会中某一阶级对旧政治制度的胜利；它们宣告了欧洲新社会的政治制度。资产阶级在这两次革命中获得了胜利；然而，当时资产阶级的胜利意味着新社会制度的胜利，资产阶级所有制对封建所有制的胜利，……资产阶级权利对中世纪特权的胜利。1648 年革命是 17 世纪对 16 世纪的胜利，1789 年革命是 18 世纪对 17 世纪的胜利。这两次革命不仅反映了它们发生的地区及英法两国的要求，而且在更大的程度上反映了当时整个世界的要求。"①

进入 19 世纪，革命并未消失，反而由于法国大革命的影响，革命在世界范围普遍地展开。在欧洲，虽然君主国极力防止革命出现，但革命浪潮还是席卷了欧洲。第一次发生在

① 马克思恩格斯选集(第 1 卷). 北京：人民出版社，1995：318.

1820—1824 年，地中海沿岸的西班牙、意大利和希腊是革命的中心，西班牙和意大利的革命虽然暂时获得了胜利，不过，最后都被欧洲反动势力所镇压下去。需要说的是，西班牙的革命虽然失败，但它却激活了拉美的革命。第二次革命浪潮发生在1829—1834 年，革命主要集中在西欧的法国、比利时和中欧的波兰。法国革命推翻了复辟的波旁王朝的统治，比利时从荷兰赢得独立，并且，它们获得了俄、奥、普等君主国的承认。受法国和比利时革命的影响，英国和德意志也开始推进政治改革，西班牙和葡萄牙则爆发了自由派和教权派的内战。波兰发动了争取民族独立的起义，不过，被镇压了下去。第三次浪潮是1848 年的革命浪潮，这也是欧洲最大的一次革命浪潮。在法国、意大利、德意志和奥地利，革命几乎同时爆发。这些革命有的胜利了，有的暂时胜利，但最后还是失败了。虽然欧洲的革命并不总是以胜利而告终，但是，欧洲资产阶级势力对贵族势力优势却在不断增长，革命想要的结果只是个时间问题。在拉美，法国大革命激起了拉美殖民地的革命热情。在拉丁美洲，兴起了反对殖民统治的解放战争。海地最先爆发革命，并赢得了独立，建立了美洲第二个共和国。西属殖民地也普遍发生了争取独立的革命，它分为两个阶段：1810—1815 年为第一阶段，殖民地民众纷纷起义，建立自己的政权，但后来大多被西班牙军队摧毁。1815—1826 年为第二阶段，革命的烽火再次燃遍拉美，并彻底击败了殖民统治者，获得了政治上的独立。

到了 20 世纪，革命继续向亚洲和非洲蔓延。最为典型的就是中国的革命。1911 年爆发了辛亥革命，推翻了两千多年的封建专制统治。但是，由于封建残余和帝国主义并未退出中国,因而,革命一直持续到 20 世纪中叶。直到新中国成立,彻底推翻封建主义和帝国主义,革命才宣告结束。另一个革命的典型是 20 世纪中叶以后,非洲兴起了争取独立的解放运动。特别是 20 世纪 60 年代,非洲的民族独立运动从西非、中非扩展至东非和南非。仅 1960 年就有 17 个国家独立,到 60 年代末,非洲独立的国家达到了 41 个。这些争取独立的解放运动有的通过武装斗争的方式取得了胜利,有的通过宪制改革获得独立,虽然方式不同,但无一不是推动了政治改革,也算得上是一场革命,或者说是比较文明的革命。

总之,起始于欧洲的反专制主义革命,历经约 4 个世纪,并在世界范围内走了一圈,终于完成它的使命,建立起崭新的均衡统治体系。

革命在推动均衡统治体系发生巨大变革的同时,也推动了社会生产力的巨大发展。以英国为例简要说明。英国革命后,资产阶级逐渐取代贵族在议会中占据优势,并推动英国政府制定一系列的政策来发展工商业经济。特别是在革命后,由于在政治上扫除了发展经济的障碍,英国最先发生了工业革命。工业革命使英国社会生产力发生了巨大的飞跃,工业生产的增长速度获得了极大的提高。1771—1775 年,英国每年进口原棉约 550 万磅,到 1844 年达到了 6 亿磅。而英国在 1834 年出口棉布 5.56 万磅、棉纱 7650 万磅以及棉织刺绣制品 120 万磅。1760—1827 年,英国棉纺织业生产增长了 20 倍。英国硬煤开采量在 18 世纪 20 年代占世界硬煤总开采量的 87%,60 年代占 50%。生铁产量从 1780 年的 4 万吨增加到 1856 年的 358.6

万吨,1880 年更达到 774.9 万吨。[1] 英国工业的增长速度是史无前例的,是以往任何一个行业和部门都无法比拟的。马克思和恩格斯在《共产党宣言》中对工业革命所创造的生产力这样评论道:“资产阶级在它的不到一百年的阶级统治中所创造的生产力,比过去一切世代创造的全部生产力还要多,还要大。自然力的征服,机器的采用,化学在工业和农业中的应用,轮船的行驶,铁路的通行,电报的使用,河川的通航,仿佛用法术从地下呼唤出来的大量人口,过去哪一个世纪料想到在社会劳动里蕴藏有这样的生产力呢?”[2]由此,我们也不难看出革命对社会进步所产生的巨大作用。

当然,不能因为革命对社会进步有巨大的推动作用,就无限“革命”。事实上,无限“革命”是不可能的。正如上面所言,革命的产生有诸多的条件限制,不是任何变革都是革命。而且,即使可以进行所谓的无限“革命”,它也未必能推动社会的进步,也许反而会妨碍社会的进步,甚至是导致社会的倒退。因为革命说到底只是一种变革上层建筑的行为,只有契合经济基础的发展要求,才会出现革命,革命才会推动社会的进步。不过,经济基础的变革是历史的自然过程,无法人为地加以“拔苗助长”。因而,无限“革命”反而导致社会的倒退。我们看一下发生在俄罗斯周边国家的所谓的颜色革命就知道了。如“橙色革命”前夕的乌克兰,经济以 5%速度恢复增长,而五年后的 2009 年,经济萎缩了 15%,货币被腰斩,贬值一半,国家债务缠

① 王珏.世界经济通史(中卷).北京:高等教育出版社,2005:105—107.

② 马克思恩格斯选集(第 1 卷).北京:人民出版社,1995:277.

身,面临破产。曾是苏联时代最富裕的共和国,到 2009 年人均收入不及俄罗斯的 1/3。另据独联体国家统计委员会统计,2009 年 1—4 月,乌克兰宏观经济指标远落后于其他独联体国家,经济下滑严重。其中工业生产同比下降了 32%,其他独联体国家平均下降两成。1—4 月乌克兰累计通货膨胀率为 19.1%,独联体国家平均通货膨胀率为 14%。1—4 月乌克兰社会商品零售总额同比下降了 14.4%,独联体国家平均下降了 3%。[①] 再如,“郁金香革命”后,吉尔吉斯斯坦民众的生活依然贫困。全国有 1/3 的人生活在贫困线以下;由于国家经济严重依赖外出打工的劳务收入,金融危机发生后,来自俄罗斯的侨汇急剧下降,导致 2009 年的 GDP 下降了 30%,整个经济遭受严重挫折。当然,这里的颜色革命称得上称不上革命还是个问号。但有一点是明确的,革命是肯定会推动社会进步,也肯定会促进生产力的发展。而无限制的“革命”是不会促进生产力的发展的,相反,它极有可能导致社会的倒退。因而,我们旗帜鲜明地反对无限制“革命”。

---

① 石渝.乌克兰“颜色革命”褪色的反思.世界知识,2010(4).

第六章　最后的均衡和危机

进入20世纪末期，人类历史上一场新的伟大而深刻的变革开始在世界范围内产生。这就是信息革命。信息革命不仅仅是一场技术革命，它还深刻影响了人类社会的方方面面。最显著的就是它正在快速地改变经济基础，即以信息化生产为主的生产方式正快速取代以机械化生产为主的生产方式，同时，新的深度非接触型交换方式正逐渐取代传统的人力接触型交换方式。

信息技术首先改变了生产方式。与机械化生产方式不同，信息化生产就是伴随着新兴技术——信息技术而发展起来的一种新的生产方式，它主要借助于各种向着智能化、网络化方向发展的计算机化生产工具和计算机辅助系统进行自动化生产的方式，通俗点就是"以机器控制机器"来进行生产，不同于工业经济时代的"以机器制造机器"。特别是近年来，随着网络技术和智能技术的迅速发展，已不单单局限于生产过程中某一生产环节的信息化，而是扩展至了整个生产链，囊括产品的研发、设计、生产、流通和管理,实现了生产和管理过程的自动化、数字化、智能化和网络化。也就是说,从机械化生产方式下的有人参与生产管理的模式正快速向无人化生产管理的方向发展。这种信息化生产或无人化生产最直接的后果是,由于无人化,它最大限度地减少了人力成本;由于计算机技术和网络技术普遍应用于生产管理之中,它可以进行精确生产和个性化生产,改变了以往机械化条件下的非精确性生产和大众化生产,起到了节约物质成本的作用。而且,信息化生产借助于网络和信息化生产工具可以在全球范围内获取生产信息,如产品设计图纸、工艺规程、库存等,并在全球各地进行生产,及时响应并满足世界各地用户的需求,使得生产的效率更高,生产时间更短,生产速度更快。这也极大地节约了企业的生产成本。总之,信息化生产是一种建立在更高技术基础上的有着更高效益和更有针对性的生产方式。

信息技术在改变生产方式的同时,也改变了交换方式。工业革命以前及工业革命后,借助于中间商来进行交换是一种很普遍的交换方式。这种交换方式,我称之为人力接触型交换方式。随着信息技术的兴起,特别是 20 世纪 90 年代互联网在全球范围内的迅速普及和广泛应用,交换方式发生了革命性的变革,即人们可以直接在网上完成从进货到销售的各个环节,实现交易全过程的电子化、网络化,而不再通过面对面的交易来进行。这种新的交换方式,我称之为深度非接触型交换方式。这种新的通过网络来完成交换的方式具有无可比拟的时空、速度、成本、信息和个性化的优势,成为时代的新宠。而且,这种交换方式还通过网络把电子商务活动的参与者连成一个统一的经济整体,从时空上最大化地扩展了传统市场,实现了资金流、物流和信息流更有序、更快速地流动。

而且,信息技术的发展似乎永无止境。我们相信,随着信息技术的进一步快速发展,智能机器和智能机器人将会广泛运用于生产、服务、管理和一般的研发中,并通过泛在智能网络彼此间连接在一起,这样就可以感知一切,控制一切,真正构成一个非常有序、连为一体、高度可控的研发生产管理系统,也即处于一种高度"智慧"状态。具体地说,到信息技术高度发达的时代,无人化生产和无人化销售是很普遍的。那些分布于全球各地无人售货的商店会及时地获取人们或厂家所需要商品的各种信息,通过能力超级强大的中心计算机群和泛在网络,把它反馈给无人工厂。工厂根据这些信息及时从全球各地调配资源,调整资源储备,或者分包给别的加盟的无人工厂进行快速、精确和个性化的生产,使生产或者说供给和需求最大限度地达到平衡,不留有任何剩余的货物,不浪费一点点的资源,从而也就从根本上消除了经济危机的产生。这是一个基于无人化生产之上的新的计划体制,是信息化极度发达的结果。换句话说,高科技制造了新的经济管理体制。由于高度信息化,这些无人化工厂和商店的效率是非常高的,不会像从前计划体制下那样效率低下。而且,由于计算机的精确计算和管控,其生产成本和交换成本是最低的,人们对交换也就失去欲望,交换退出了历史舞台。由于交换退出历史舞台,加之,无人化工厂受中心计算机群掌控,这些工厂不再归属某一人,而是属于全社会共同所有。这样,社会就可以按需分配了,也即人们在物质利益方面呈现出平等的状态。当然,这种平等不是平均主义的单调的平等，而是有个性差异的丰富多彩的平等。随着人类在物质方面取得平等，那么，国家的使命就宣告了终结，因为它不需要利用暴力手段来争夺利益了。

除了信息技术导致物质利益方面的平等外，信息技术还推动人们在政治上达到平等，即通过网络达致最大程度的民主。我们知道，在目前的信息技术下，已经出现了网络民主的形式。"网络民主是参与主体借助网络技术，以直接参与为主要形式，以高度互动为主要特征，以网络空间为载体，培育、强化和完善民主的过程。"[①]它目前是"对代议制民主的修正和完善，而不是颠覆和取代，它必须以代议制民主作为主体制度的运行框架，只不过网络民主强调更多的直接参与和更多的直接民主成分，以达到直接民主和间接民主的平衡"。[②] 网络民主在推动民主政治方面主要有以下两方面的作用：

网络民主推动代议制民主向参与式民主发展，并使大规模直接民主常态化运作有了实现的可能。由于一直以来受限于相对较落后的交通和通讯手段，民主参与的成本高、周期长，直接阻碍了民主参与的实现，自然也使得大规模直接民主无法常态化运作。但是，随着信息技术的发展，特别是网络技术的发展，互联网把全世界连为一体，形成了真正意义上的"地球村"，网络民主参与因而变得非常便捷，人们只需上网就可以对政府议案进行电子投票或发表自己的看法。而且，互联网和电脑的普及使得网络民主参与的成本越来越低。另外，信息技术的发

① 郭小安. 网络民主的概念界定及辨析. 天津行政学院学报，2009(3).
② 郭小安. 网络民主——媒介与民主关系的新形式. 四川行政学院学报，2009(1).

展，使得政府官员和民众获取信息的能力的差距在逐步缩小，从而打破了政府官员对信息的垄断。同时，网上信息和知识的迅速传播也不断提高了公民的文化知识水平和管理水平。这些都使得公民能够对问题作出自己理性的决断，而不必凡事都依靠“代表”来作决策。因而，公民在线参与决策成为时代的潮流。总之，网络民主有助于参与式民主的发展，并推动民主向着基于网络的大规模直接民主方向发展。

此外，网络民主改变了传统的金字塔式社会等级结构，促进了社会向着民主、自由、平等和开放的方向发展。传统的社会结构是一种金字塔式的结构，即是一种高度集权、等级森严、垂直管理的官僚等级结构。不过，随着网络民主的兴起，这种权力结构遭受到前所未有的侵蚀。由于网络空间具有去权威化和非中心化的特性，打破了传统金字塔式的纵向等级权力结构，使权力下移，组织结构扁平化，有助于公民和政府官员直接沟通和对话。而且，无论你是什么社会身份和地位，只要你愿意，都可以在虚拟空间参与国家或地方事务的讨论，并且是自由地发表意见、传播言论，不受其他人的限制。可见，网络民主促进了言论自由，并使得公民民主参与政治的机会均等化。同时，网络民主还促进了政务公开的发展。网络空间不存在边界、四通八达，使得人们对信息的封锁和控制变得非常困难。人们不能在网络空间的此处发布信息，就可以到彼处进行传播，信息完全公开化。因而，政府官员进行“暗箱操作”已经越来越不可能，政务公开化已是大势所趋。

在未来，信息技术必将进一步发展，我们可以预见，网络民主这种形式将会得到进一步发展，它会取代传统的民主形式而成为主流的民主形式。在未来,由于物质利益以及其他方面差别的消失,人们之间是完全平等的,并不存在高低之别。由于信息技术的发展,在讨论共同体事务方面,每个人都能通过电子议事会的形式让每一个人发表意见,进行表决,不会遗漏任何一个人,人们真正做到了平等参与,血缘关系在此彻底失去了意义。而且,这个共同体也不存在固定的高高在上的公共权威,人人都能轮流负责共同体某一时期的事务。这样,共同体事务就是自己的事务,也就真正成为共同体的主人翁。换句话说,此时的人类进入到一个真正平等的社会。需要指出的是,科技和生产力的高度发达将会抹平人与人之间的差别,从而也就消灭了阶级。也就是说,进入到新的社会,将是不会通过革命来完成,而是由科技引导完成,甚至是自动完成。当然,历史不会简单的生成,它肯定要经历一个曲折的过程。具体是个什么样的过程,谁也预测不出来。

总之,随着科技的发展,特别是信息技术的发展,人类将会超越以前的均衡体系,进入到一个超国家的平等体系中去。

在未来超国家的平等体系中,它所面对的危机不再是源自人与人基于物质利益而导致的剥削压迫,也不是人破坏自然而导致的危机,而是高科技带来的威胁。我们可以预见到,在高度智能化、无人化的社会,中心计算机群或者局部的无人系统异常复杂,一旦发生意外,或中毒,或程序异化、被修改(因为此时的智能机器人有情感,会思考,可以自修改程序),或者通过别的手段改变无人化机器的程序,或者芯片人被控制,那么,灾难就不可避免地发生,就可能危及人类。现在就已经发生了机器人伤人的事例。譬如,1978 年,日本广岛一家钢铁厂里的机器人焊枪手在切割钢板时，竟把一名值班工人当做钢板切割解体。1982 年，山犁县阀门厂一个机器人车床猛地跳起，向操作人员扑击；1984 年机器人先后杀死 4 名工人，其中一个处于监视人员管理之下的机器突然出其不意地走过去，把监视人员推倒，并从其身上碾了过去；另一个机器人挥舞双臂，给附近一个工人来了个"空手道"的一劈，将对方活活劈死；几年前，又有一个机器人把一名日本工人的安全帽打成碎片并击碎了他的头颅。1989 年，苏联举行了一场特别的国际象棋大师比赛，由国际象棋冠军古德柯夫对机器人，古德柯夫连胜三局，却不料机器人恼羞成怒，突然向金属棋盘释放强电流，在众目睽睽之下，将国际象棋冠军当场电毙。[①] 眼下还不够发达的机器人就由于各种原因开始杀人，那么，到了机器人思维和情感相当发达的时候，一旦出现问题，就不是杀一个、两个人了，恐怕是大规模的屠杀。而那时人们相对于无人系统算是少数，也就是说无人系统远超人的数量，人类将不得不面对有可能毁灭自身的物质力量。总之，在未来平等体系中，人与智能机器的矛盾是社会的主要矛盾，也是人类的主要威胁。

---

① 何由．机器人向人类开战．天津科技，1998(4)．

参考文献

[1] (英)汤因比.历史研究.郭小凌等译.上海:上海人民出版社,2010.
[2] (意)维柯.新科学.朱光潜译.合肥:安徽教育出版社,2006.
[3] (德)黑格尔.历史哲学.张作成等编译.北京:北京出版社,2008.
[4] 马克思恩格斯选集.北京:人民出版社,1995.
[5] 施治生,郭方.古代民主与共和制度.北京:中国社会科学出版社,1998.
[6] 施治生,刘欣如.古代王权与专制主义.北京:中国社会科学出版社,1993.
[7] 林承节.印度史.北京:人民出版社,2004.
[8] 马克垚.西欧封建经济形态研究.北京:人民出版社,2001.
[9] 林志纯.世界上古史纲.天津:天津教育出版社,2007.
[10] 顾伟列.中国文化通论.上海:华东师范大学出版社,2005.
[11] 陈曦文.基督教与中世纪西欧社会.北京:中国青年出版

社,1999.
[12] 何小莲. 宗教与文化. 上海:同济大学出版社,2002.
[13] 吕大中. 宗教学通论新编. 北京:中国社会科学出版社,1998.
[14] 修昔底德. 伯罗奔尼撒战争史. 北京:商务印书馆,1960.
[15] (美)伊迪丝·汉密尔顿. 希腊方式——通向西方文明的源流. 杭州:浙江人民出版社,1988.
[16] (德)卡尔·雅斯贝斯. 历史的起源与目标. 北京:华夏出版社,1989.
[17] 应克复,金太军,胡传胜. 西方民主史. 北京:中国社会科学出版社,1997.
[18] 田穗生,高秉雄,吴卫生等. 中外代议制度比较. 北京:商务印书馆,2000.
[19] (法)孟德斯鸠. 论法的精神(上册). 北京:商务印书馆,1961.
[20] (荷)亨利·范·马尔赛文,格尔·范·德·唐. 成文宪法的比较研究. 北京:华夏出版社,1987.
[21] 南京大学法学院《人权法学》教材编写组. 人权法学. 北京:科学出版社,2005.
[22] 资产阶级政治家关于人权、自由、平等、博爱言论选录. 北京:世界知识出版社,1963.
[23] 杨共乐. 世界上古史资料汇编. 北京:北京师范大学出版社,2010.
[24] 齐世荣. 世界史. 北京:高等教育出版社,2006.
[25] 彭树智. 阿拉伯国家史. 北京:高等教育出版社,2002.

[26] 马世力.世界史纲.上海:上海人民出版社,1999.
[27] 池元吉.世界经济概论(第2版),北京:高等教育出版社,2006.
[28] 从文明起源到现代化——中国历史25讲.北京:人民出版社,2002.
[29] 史仲文,胡晓林.新编世界科技史.北京:中国国际广播出版社,1996.
[30] 刘宗绪.世界近代史.北京:北京师范大学出版社,2004.
[31] 吴于廑,齐世荣.世界史·近代史编.北京:高等教育出版社,2011.
[32] 王斯德.世界通史.上海:华东师范大学出版社,2009.
[33] 高德步,王珏.世界经济通史.北京:高等教育出版社,2005.

后　　记

2009年,有了写书的想法。有了这样的想法,就立即付诸行动,也就有了第一本书《社会发展的逻辑》的出版。2010年,在修改第一本书的同时,又开始了《论语新读》的写作。2011年初,完成了《论语新读》的写作和修改。由于这些工作的完成,2011年的寒假就无事可干,过得特别轻松,每天只是睡睡懒觉。这样的日子过了没几天,觉得很是无聊。于是,又开始思考本书的框架。一来二去,很快就把框架搭好了,题目也定下来了,即《历史的结构》。这就是本书的写作缘由。

由于有了前两本书的写作经验,特别是第一本的写作经验,而且,由于疏懒,引用了第一本书的一些论述和例子,这是我感到惭愧的。也正因为此,第三本书写起来比较顺手,进展也很快。到2012年初,初稿已经完成了。2月,完成了修改稿。不过,由于本人才疏学浅,书中肯定还存在不少谬误,真诚期待各位专家、学者和读者提宝贵意见。

最后，我要感谢我的亲人，他们给予我生活上的关心和精神上的鼓励，感谢浙江农林大学学术出版基金提供的资助，感谢编辑付出的辛勤劳动。

章笑力

2012 年 2 月